내가 하고 싶은 일, 교사

이기규 글 | 홍연시 그림

여는 글　가장 쉽고도 어려운 숙제　　　　　　　　　　　　　8

1 선생님이 되고 싶어

선생님이 되는 방법? 세상에서 가장 쉬워!　　　　　　　14
선생님에 대한 진짜 이야기　　　　　　　　　　　　　18
왜 선생님이 되고 싶어?　　　　　　　　　　　　　　23
　나도 선생님　여러분은 왜 선생님이 되고 싶은가요?　28

2 교육대학교에 가 보자!

교육대학교에서는 무엇을 배울까?　　　　　　　　　32
사람과 사람들 속에서 배워야 할 것들　　　　　　　39
　질문 더하기　중학교·고등학교 선생님은 어떻게 되나요?　46

3 공부만 잘하면 좋은 선생님?

세상을 바라보는 눈이 필요해 — 50

다양한 문화를 체험해 보자 — 58

나도 선생님 나는 어떤 문화 체험을 해 보았나요? 64

4 선생님이 되기 위한 과정

선생님이 되기 위한 시험, 임용고시 — 68

임용고시에 합격하지 않아도 선생님이 될 수 있다고? — 75

질문 더하기 임용고시에는 어떤 문제가 나올까요? 84

5 선생님은 바쁘다, 바빠!

은이, 교생 실습을 하다	**88**
선생님은 학생들이 없을 때 무엇을 할까?	**94**
선생님도 공부를 한다고?	**101**
상담, 서로의 마음을 이해하는 과정	**104**

나도 선생님 **친구들의 고민을 상담해 봐요 110**

6 도전! 오늘은 내가 선생님

수업 준비는 어떻게 할까?	**114**
수업, 정답을 찾아가는 과정	**119**
완벽한 선생님은 없어	**123**

나도 선생님 **나만의 수업 계획을 짜 보세요 134**

7 이 세상 모든 선생님

모두 다 선생님? 초등학교에는 어떤 직업들이 숨어 있을까? **138**

학교라는 울타리를 뛰어넘어 **144**

질문 더하기 초등학교에는 어떤 직업들이 숨어 있을까요? 150

닫는 글   선생님은 되는 것이 아니라 되어 가는 것   **152**

 여는 글

가장 쉽고도
어려운 숙제

"일주일 뒤에 발표할 거니까 국어 숙제 준비 잘해라, 알겠니?"
"네!"

반 아이들이 담임 선생님 말씀에 모두 힘차게 대답했지만 은이는 말없이 한숨을 푹 쉬었다. 가장 쉽고도 어려운 숙제를 할 생각을 하니 벌써 걱정이 되었기 때문이다.

"난 내일 소방서에 연락해 보려고. 소방관분들이 면담을 해 주실까? 소방서 안에 들어가 보는 건 이번이 처음이야. 와, 나 너무 긴장돼."

친구 소희의 눈이 반짝반짝 빛났다. 소희의 장래 희망은 소방관이 되는 거였다. 그래서 소희는 소방서에 찾아가서 소방관분들을 만나야 했다. 이번에 선생님이 내주신 숙제가 장래 희망과 관련된 사람들을 만나 면담을 해서 발표하는 것이기 때문이었다.

"소방서에 가서 소방차에 태워 달라고 하면 태워 줄까? 한번 타 봤으면 좋겠는데……. 잠깐, 근데 오은, 너, 내 이야기 듣고 있는 거니?"

"미, 미안. 숙제 때문에 고민이 좀 있어서……."

은이의 반응에 소희는 눈이 동그래졌다.

"야, 너야말로 고민할 게 없잖아. 나처럼 소방서에 연락해서 면담을 부탁할 필요도 없고 말이야. 너는 네 삼촌에게 부탁하면 해결되잖아."

하지만 은이는 한숨을 푹 쉬었다.

"그래, 맞아. 하지만 그게 더 고민이라니까."

은이의 장래 희망은 초등학교 선생님이 되는 거였다. 초등학교 3학년 때 꿈을 가진 이후로 한 번도 바뀐 적이 없다. 그러니 꿈이 없는데 어떡하냐고 투덜대는 같은 반 상철이나, 꿈이 여러 개라서 고민하는 친구 윤담이 같은 고민은 전혀 하지 않았다. 게다가 함께 살고 있는 은이의 삼촌은 초등학교 선생님이다. 그러니 면담하는 것도 식은 죽 먹기가 아닐 수 없었다. 다른 친구들과 비교해 보면 은이에게 이번 숙제는 누워서 떡 먹기보다 쉬워 보였다.

"그게, 왜 고민인데?"

소희가 고개를 갸웃거렸다. 은이는 다시 한숨을 푹 쉬며 말했다.

"그게 말이야. 우리 삼촌이 좀 이상하거든……."

"에이, 그래도 초등학교 선생님인데."

소희는 더욱 이해가 되지 않는다는 표정이었다. 소희의 반응도 무리가 아니었다. 초등학교 선생님 하면 으레 떠오르는 이미지가 있기 마련이다. 그러니 아무리 이상한 선생님이라도 크게 다르진 않을 것이다. 하지만…….

"삼촌, 정말 선생님 맞아?"

은이가 삼촌에게 늘 하는 말이다. 집에서 보는 삼촌은 진지함이라고는 1퍼센트도 찾아볼 수 없는 사람이었다. 선생님이라면 자고로 학생들에게 모범적인 모습을 보여야 하는데, 삼촌은 전혀 그런 사람이 아니었다. 집에서는 반찬 투정을 했고 밥을 먹을 때도 쩝쩝거리며 소리를 내었다. 퇴근해서 다음 날 수업을 준비하거나 아이들을 위해 고민하는 모습은 본 적도 없다.

삼촌은 집에 오자마자 마치 거대한 달팽이가 된 것처럼 소파에 늘어져서 텔레비전을 보거나 게임에 빠져 있었다. 삼촌이 유일하게 흥분해서 눈을 반짝일 때는 텔레비전에 여자 아이돌 그룹이 나올 때뿐이었다. 게다가 가족들이 학교 이야기만 하면 "학교 가기 싫다, 요새는 쉬는 날이 왜 이리 적냐."라며 투덜대기만 했다. 이런 삼촌을 보아 온 은이가 장래 희망을 선생님으로 결정한 것 자체가 기적이 아닐 수 없었다.

　이런 삼촌이라도 초등학교 선생님의 진지한 모습이 있을까? 모르겠다. 삼촌에게 선생님에 관해 물어보았는데 이상한 소리만 하면 어떡하지?

　그 생각을 하니 머리가 지끈지끈 아프기까지 했다. 선생님이 내준 숙제는 남들이 보기엔 매우 쉬워 보였지만 은이에겐 너무 어려운 숙제였다.

1

선생님이 되고 싶어

선생님이 되는 방법? 세상에서 가장 쉬워!

"와, 정말 신기하다! 우아!"

삼촌이 거실에서 두 손에 이상한 막대기를 들고 허공을 휘저으며 감탄하고 있었다. 삼촌은 머리에도 하얀 헬멧 같은 것을 쓰고 있었다.

은이가 학원 공부를 마치고 집에 오자마자 마주친 삼촌의 모습이었다. 은이는 그 모습을 보고 '내가 그럴 줄 알았어!' 생각하며 한숨부터 쉬었다.

"삼촌 지금 뭐 하고 있어?"

"야, 말 시키지 마. 지금 여긴 완전 신세계가 펼쳐지고 있어. 우아, 공룡이 달려온다!"

삼촌이 황급히 머리를 숙이고 몸을 피했다. 은이는 그런 삼촌의 모습을 보며 고개를 가로저었다.

"삼촌, 게임 좀 그만하고 내 말 좀 들어 봐."

"은이야, 이건 게임이 아니야 VR이라고 가상 현실 체험인데 너도 보면 엄청 놀랄걸, 우아!"

"나 참, 삼촌네 반 아이들이 이러고 있는 삼촌 모습을 보면 더 놀랄걸?"

은이가 비꼬는 말을 해도 삼촌은 아랑곳하지 않고 VR 체험에 푹 빠져 있었다.

"저기! 저기! 익룡이 날아간다!"

"삼촌, 그만 좀 하고 내 말 좀 들어 봐."

"야! 저건 무슨 공룡이냐? 거참, 신기하게 생겼네."

이제는 특단의 조치가 필요했다. 은이는 도끼눈을 뜨고 삼촌에게 다가갔다. 그리고 온 힘을 다해 삼촌의 팔뚝을 세게 꼬집었다.

"아야!"

그제야, 삼촌이 하얀 헬멧을 벗었다. 삼촌의 얼굴엔 억울해하는 표정이 가득했다.

"왜 그래?"

"삼촌, 나 숙제 좀 도와줘."

은이는 삼촌이 투덜거리기 전에 바로 본론부터 이야기를 꺼냈다.

"숙제? 그런 건 네가 알아서 하는 거야. 너희 선생님이 그런 말 안 하시든?"

삼촌은 시큰둥하게 말하고는 다시 헬멧을 쓰려고 했다. 은이가 재빨리 가로막았다.

"아이참, 숙제하려면 삼촌이 필요하단 말이야."

"그런 숙제가 어딨니?"

'아, 이번 숙제는 하지 말까?'

은이는 숙제를 그냥 포기해 버리고 싶은 마음이 굴뚝같았다. 은이는 정신을 다잡고 숙제에 대해 최대한 빠르게 설명했다.

"오호, 우리 은이가 삼촌같이 멋진 초등학교 선생님이 되려 한단 말이지? 이거 의외인걸?"

삼촌이 어깨를 으쓱해 보였다.

'삼촌 같은 이상한 초등학교 선생님 말고 진짜 좋은 선생님이 될 거거든!'

은이는 이렇게 말하고 싶었지만 꾹 참았다.

"그러니까 삼촌이 꼭 필요하다고. 선생님이 되려면 어떻게 해야 하는지부터 초등학교 선생님에 관한 모든 것을 삼촌이 알려 줘."

은이가 애써 미소를 지으며 말했다.

"초등학교 선생님이 되는 거? 엄청 쉬워. 삼촌이 말하는 대로 하면 누구나 초등학교 선생님이 될 수 있지."

삼촌이 눈빛을 빛내며 말했다.

"엄청 쉽다고? 선생님이 되는 게? 그게 어떤 방법인데?"

은이는 궁금증 가득한 눈으로 삼촌을 바라보았다.

선생님에 대한 진짜 이야기

"초등학교 선생님이 되는 건 정말, 정말 간단해. 그것만 하면 누구나 선생님이 될 수 있지."

삼촌이 빙글빙글 웃으며 말했다. 은이는 더욱 애가 탔다.

"그러니까 그 정말, 정말 간단한 방법이 뭐냐고?"

"그 방법은 말이야……."

삼촌이 크게 숨을 들이마신 뒤 말을 토해 냈다.

"아주! 아주! 아주! 정말! 정말! 정말! 열심히 공부하면 돼. 그냥 열심히 정도가 아니라, 아주! 정말! 열심히. 어때, 쉽지?"

"그게 뭐야? 삼촌 나 또 놀리는 거지?"

은이가 다시 손톱을 세웠다. 삼촌이 황급히 몸을 피하며 말했다.

"놀리긴 왜 놀려. 흥분하지 말고 들어 봐. 초등학교 선생님이 되려면 대학교에 반드시 들어가야 해. 그런데 아무 대학이나 간다고 해서 되는 게 아니야. 특별한 대학교를 들어가야 해. 전국에 딱 열세 개만 있는 특별한 대학교 중 한 곳에 입학하지 않으면 절대 초등학교 선생님이 될 수 없어."

"열세 개 대학교? 그게 어디야?"

"경기도·공주·광주·대구·부산·서울·전주·진주·청주·춘천에 있

는 교육대학교 열 개 그리고 교원대학교·이화여자대학교·제주대학교에 있는 초등교육과 세 곳! 이렇게 열세 곳뿐이야. 게다가 요샌 이 대학교들에 입학하기 엄청 어렵거든. 그러니 아주, 아주 열심히 공부하지 않으면 초등학교 선생님이 되는 건 꿈도 못 꾸지."

"초등학교 선생님이 될 수 있는 대학이 전국에 열세 개밖에 안 된다니……. 몰랐어!"

은이도 초등학교 선생님이 되려면 교육대학교를 나와야 한다는 것은 어느 정도 알고 있었지만, 그 대학교가 전국에 열세 개밖에 없다는 것은 처음 알았다. 삼촌은 당황하는 은이의 얼굴을 보며 이야기를 계속했다.

"아직 놀라긴 일러. 그게 다가 아니야. 대학에 다니는 4년 동안도 정말 열심히 공부해야 해. 초등학교 선생님이 되기 위해서는 4년 동안의 성적도 매우 중요하거든. 그러니까 대학에 입학했다고 기뻐하면 안 돼. 열심히 공부! 공부! 공부만이 살길이야!"

삼촌이 주먹을 휘둘러 가며 열변을 토했다. 은이는 대학교 도서관에 틀어박혀 공부만 하는 자신의 모습을 떠올렸다. 왠지 숨이 막히고 가슴이 답답해졌다.

"자, 이제 졸업을 했다고 치자. 바로 선생님이 될 수 있을 것 같지? 절대 아니야. 졸업하면 중요한 시험이 네 앞을 가로막고 있어.

초등학교 선생님을 뽑는 시험인 임용고시! 이 시험에 합격해야 해. 그러니까 또 아주, 아주 열심히 공부해야 하지. 그러니까 우리 은이처럼 공부하기 싫어하는 애들은 절대 선생님이 될 수 없다는 말씀! 아, 아얏!"

삼촌의 말이 끝나자마자, 은이가 삼촌의 팔뚝을 세게 꼬집었다. 아파하는 삼촌의 모습이 쌤통이었지만 마음 한구석은 여전히 무거웠다. 정말 초등학교 선생님이 되기 위해서는 무조건 열심히 공부하는 수밖에 없는 걸까? 갑자기 초등학교 선생님이 되는 것에 자신이 없어졌다.

"아, 아파라. 이러다 내 팔이 남아나지 않겠다. 자, 삼촌이 자세히 설명해 줬으니 이제 더 물어볼 거 없지? 난 다시 멋진 VR 세상으로 들어갈 테니 우리 조카님은 열심히 숙제하세요."

삼촌이 VR 기기를 다시 썼다. 은이는 말문이 막혀 진지함이라고는 찾아볼 수 없는 삼촌의 모습을 그저 바라보기만 했다.

뭔가 이상했다. 삼촌 말대로 열심히 공부해야 초등학교 선생님이 될 수 있다면 삼촌은 어떻게 선생님이 되었지? 삼촌이 집에서 공부하는 모습을 본 적이 없었다. 만화책을 보며 킥킥대거나 그게 아니면 게임을 했다. 그것도 싫증 나면 어디서 이상한 걸 사 와서 은이에게 자랑하는 것이 전부였다. 그런 삼촌이 공부를 열심히 했을 리 없다.

혹시 삼촌이 대학에 다닐 때는 열심히 공부했을까? 그럴 리 없다. 삼촌은 졸업을 못 해서 대학을 7년이나 다녔다고 했다. 공부를 잘했으면 누구나 4년이면 졸업하는 대학을 7년이나 다녔을까? 그런데 삼촌은 어떻게 초등학교 선생님이 될 수 있었을까? 삼촌 말대로라면 삼촌은 절대 초등학교 선생님이 될 수 없는 사람이었다.

게다가 그냥 공부만 열심히 잘하면 선생님이 된다는 이야기도 믿고 싶지 않았다. 선생님이 되는 것이 정말 이렇게 단순한 걸까? 그냥 공부만 열심히 하면 선생님이 되는 것은 뭔가 이상했다.

'분명 삼촌이 말하지 않은 이야기가 있을 거야. 난 진짜 선생님 이야기를 듣고 싶어.'

이렇게 생각이 들자 은이는 입술을 잘근 깨물고 삼촌에게 다가갔다. 그리고 삼촌의 머리에서 VR 기기를 확 벗겨 버렸다.

"아이, 또 왜?"

삼촌이 불만 가득한 눈으로 은이를 바라보았다.

"공부 열심히 해야 한단 건 나도 알아. 그런 것보다 난 다른 이야기를 듣고 싶어."

"다른 이야기?"

"응, 선생님에 대한 진짜 이야기."

삼촌은 진지한 눈으로 자신을 바라보는 은이를 한참 보더니 갑자기 웃음을 터뜨렸다.

"하하하, 좋아. 그럼 이제부터 진짜 선생님에 대한 이야기를 들려주마."

삼촌이 은이의 눈을 보며 크게 고개를 끄덕였다.

왜 선생님이 되고 싶어?

"선생님에 대해 이야기하기 전에 먼저 물어볼 게 있어."

삼촌이 진지한 표정으로 은이를 바라보며 말했다.

"그게 뭔데?"

"은이 너는 왜 선생님이 되고 싶어?"

'왜 선생님이 되고 싶어?'라는 질문은 어른들이 은이에게 가장 많이 물어본 질문이자, 은이 스스로 자신에게 되물어 보았던 질문이기도 했다.

'나는 왜 초등학교 선생님이 되고 싶은 걸까?'

은이는 이 질문에 거창한 대답을 하고 싶었지만 사실 입 밖으로 나오는 말은 그리 변변치 않았다. 그동안 찾아본 인터넷이나 유튜브 속의 선생님들은 하나같이 초등학교 선생님이 되려면 투철한 사명감과 교육관을 가지고 있어야 한다고 말했다. 사명감이니 교육관이니 하는 어려운 말을 잘 알지 못해도 그 모습들이 뭔가 멋있고, 뭔가 대단해 보였다. 그에 비해 은이가 초등학교 선생님이 되고 싶은 이유는 단순히 아이들을 좋아하고 가르치는 일이 재미있을 것 같아서였다.

"그냥 아이들을 좋아해서인데……. 좀 별로지?"

은이가 풀이 죽은 목소리로 말했다.

"왜 별로라고 생각해?"

"그냥 너무 단순하고 진지해 보이지 않잖아. 인터넷에서 찾아보니까 엄청 진지하고 멋진 이유가 필요한 것 같던데……."

"에이, 삼촌이 보기엔 엄청 훌륭한데! 삼촌이 교사가 되기로 마음먹었던 이유보다 훨씬 나은걸."

"그래? 삼촌은 왜 초등학교 선생님이 되고 싶었는데?"

"그냥. 그냥 되고 싶었어. 갑자기 그냥 하고 싶었던 거지."

"그냥? 그게 뭐야. 삼촌 또 날 놀리려는 거지?"

은이가 눈을 흘겼다.

"정말이야. 그냥 어느 날 문득 초등학교 선생님이 되겠다고 생각했지. 이유 같은 건 없었어. 그러니 삼촌에 비하면 우리 은이의 이유는 엄청 훌륭한 거야."

삼촌이 빙글빙글 웃으며 말했다. 하지만 은이는 삼촌의 말이 별로 미덥지 않았다. 그냥 되고 싶었다는 그런 말이 어딨지? 그건 아무 생각도 하지 않았다는 거 아닌가? 괴짜 삼촌이니까 초등학교 선생님이 되고 싶다는 이유도 남들과 달랐던 건가? 은이는 도무지 이해가 되지 않았다. 그런 은이의 마음을 알아차렸는지 삼촌이 말을 이어 갔다.

"삼촌 친구들은 대부분 초등학교 선생님이야. 그런데 그 친구들에게 물어봐도 거창한 이유를 대는 사람은 단 한 명도 없을걸. 어떤 녀석은 하기 싫은데 부모님 때문에 억지로 떠밀려 초등학교 선생님이 되었고, 원래 과학자가 꿈이었는데 우연히 고등학교 담임 선생님의 이야기를 듣고 마음을 바꾼 친구도 있고, 집에서 먼 대학을 다니기 싫어서 가장 가까운 대학인 교육대학교에 입학한 녀석도 있었어. 그 녀석들이 다 선생님을 그만두었을까? 아니야. 그 친구들 모두 지금까지 학교에 남아 아이들을 가르치고 있어."

삼촌의 설명을 들으니 은이는 조금 안심이 되었다. 그런데 왜 삼촌은 그런 질문을 한 걸까?

"거창한 이유가 필요 없다면서 선생님이 되고 싶은 이유에 대해선 굳이 왜 물어본 거야?"

은이의 물음에 삼촌은 진지한 표정으로 대답했다.

"은이 네가 만약, 거창한 이유를 말했으면 당장 초등학교 선생님이 되는 꿈을 접으라고 할 참이었거든."

"뭐? 그게 무슨 말이야?"

은이는 삼촌이 말을 점점 더 이해할 수 없었다. 거창한 이유가 있는 게 왜 잘못된 걸까?

"초등학교 선생님들이 절대 가지고 있으면 안 되는 게 뭔지 아니? 바로 자신에 대한 거창하고 확고한 믿음이야."

은이는 고개를 갸웃거렸다. 삼촌은 미소를 지으며 말했다.

"초등학교 선생님은 조금씩 되어 가는 직업이거든. 그걸 모르는 사람은 그냥 '열심히 공부하면 초등학교 선생님이 될 수 있어.'라고 말할 수밖에 없겠지만 말이야."

'선생님은 조금씩 되어 가는 직업? 그게 무슨 의미지?'

은이는 여전히 삼촌이 하는 말을 이해할 수 없었다. 하지만 왠지 괴짜 삼촌과 더 많은 이야기를 나누다 보면 정답을 알게 될 것 같은 생각이 들었다. 그러다 보면 자신의 꿈에 좀 더 가까이 다가가게 되지 않을까?

여러분은 왜 선생님이 되고 싶은가요?

초등학교 학생들에게 장래 희망을 물어보면 선생님이 항상 5위 안에 들어 있습니다. 그만큼 많은 어린이가 선생님이 되기를 바란다는 것이지요. 그런데 여러분은 왜 선생님이 되려고 하나요? 선생님이 되고 싶어 하는 이유가 거창할 필요는 없지만 왜 선생님이 되고 싶은지 가만히 자기 자신에게 물어보는 시간은 꼭 필요합니다. 부모님이나 어른들이 선생님이 되라고 강요해서 억지로 장래 희망을 정한 게 아니라면 나는 왜 선생님이 되고 싶은지 한번 찬찬히 생각해 보고 여기에 적어 보세요. 혹시 알아요? 나중에 여러분이 선생님이 되어서 힘이 들 때, 여기 써 놓은 글을 다시 읽어 보면 여러분에게 작은 위로와 격려가 될 수 있지 않을까요?

나는 왜 선생님이 되고 싶은 걸까?

2

교육대학교에 가 보자!

교육대학교에서는 무엇을 배울까?

"아, 졸려. 도대체 어딜 가자는 거야?"

토요일 아침부터 삼촌이 은이를 깨웠다. 은이는 졸음이 한가득한 눈으로 삼촌을 째려보았다.

"초등학교 선생님이 되기 위해서는 반드시 특별한 대학교에 입학해야 한다고 말한 거 기억나지?"

"응, 전국에 열세 개만 있는 대학교에 가야 한다며……. 잠깐, 그럼 오늘 거기 가는 거야?"

"그래, 오늘 삼촌이 다녔던 학교에 가 보자."

은이의 물음에 삼촌이 씽긋 웃으며 말했다. 이럴 때가 아니었다. 은이는 자리에서 벌떡 일어나서 곧바로 세면대로 달려갔다. 얼굴을 씻는 동안에도 머릿속은 온통 오늘 찾아갈 대학교에 대한 갖가지 상상으로 가득 차 있었다.

"와, 여기가 교육대학교구나! 생각한 것보다 좀 작은데?"

은이가 말했다. 예전에 아이돌 가수 공연을 보러 대학교 공연장을 가 본 적이 있었다. 그때 갔던 대학교는 운동장도 엄청나게 컸고 건물들도 멀찍이 떨어져 있었다. 대학교 정문에서 공연장까지 한참을 걸어갔던 기억이 있었다. 그런데 교육대학교는 그냥 조금 큰 고등학교 정도의 크기로 보였다.

"당연하지. 여기는 모두 초등학교 선생님이 될 사람들만 다니는 학교니까. 학생 수도 전부 2000명 정도밖에 안 돼. 그래도 삼촌이 다녔을 때보다 새로운 건물도 많이 생겼는걸!"

삼촌이 학교 전체를 쭉 둘러보며 말했다. 은이도 학교 주변을 둘러보았다. 은이의 눈에 가장 먼저 들어온 것은 노랗게 물든 은행나무들이었다. 은행나무들이 두 팔을 벌려 노란 손을 흔들며 은이를 환영해 주는 것 같았다. 이렇게 교육대학교 안을 걷고 있으니 정말 대학생이 된 것 같아 기분이 묘했다.

"삼촌이 처음 교육대학교를 온 건 고등학교 2학년 첫 중간고사를 끝냈을 때야. 그때 삼촌은 이 대학교를 보고 참 아담하고 예쁜 학교라고 생각했어."

삼촌이 옛날 생각을 하는 듯 미소를 지으며 말했다. 은이는 고등학생으로 처음 교대에 온 삼촌의 모습을 상상해 보았다. 초등교사가 꿈이었던 고등학생 삼촌은 어떤 모습이었을까? 그때도 지금처럼 이상한 농담만 하고 장난치는 걸 좋아하는 모습이었을까?

"그런데 교육대학교에서는 어떤 걸 배워?"

은이의 질문에 삼촌은 정신을 차리고 대답했다.

"은이 넌 초등학교에서 어떤 걸 배우지?"

"음, 국어, 수학, 과학, 사회, 영어, 체육, 미술, 음악, 실과, 또 컴퓨터도 배우고 휴……. 하나하나 생각해 보니 많네."

"초등학교에서 학생들이 배우는 걸 선생님들이 다 가르쳐야 하잖아. 그러니 교육대학교에서도 초등학교에서 가르치는 모든 과목에 대해 배워. 그냥 내용을 배우는 것만 하면 잘 가르치지 못하겠지? 그래서 각 과목을 어떻게 가르치는지 배워.

자, 그럼 1학년 때부터 어떤 걸 배우는지 하나씩 설명해 볼게. 1학년 때는 교양 수업이라고 해서 대학생으로서 알아야 할 기본적인 교양들을 배워. 철학이나 문화, 세계 역사 등을 배우게 돼. 이건 교육대학교뿐만 아니라 보통의 대학교 1학년들이 배우는 과목과 비슷하다고 생각하면 돼."

"1학년 때 교양을 배운다. 그럼 2학년부턴 배우는 내용이 달라져?"

삼촌이 대답했다.

"응, 2학년이 되면 본격적으로 선생님이 되는 데 필요한 걸 배우기 시작해. 가르치는 것에 대한 철학이나 이론 그리고 초등학교에서 학생들이 배우는 아홉 가지 과목에 대한 기본적인 이론을 배워.

일단 지식을 쌓아야 선생님으로서 힘도 키우니까."

"아, 선생님이 되기 위한 공부를 시작하는 거구나."

"맞아. 그리고 3학년이 되면 좀 더 깊이 있게 선생님이 되기 위한 공부를 시작하게 돼. 이때는 선생님이 되기 위한 지식도 배우지만, 실제로 초등학교에서 수업을 하는 데 필요한 여러 가지 기술을 배우게 돼. 교과별로 수업을 어떻게 해야 하는지에 대해 배우고 음악이나 미술, 체육 같은 실기를 직접 해 보고 익숙해지도록 연습해. 예를 들어, 글쓰기, 그림 그리기, 과학 실험, 피아노 연주, 기계체조, 서예, 기타 등등……."

"와, 많은 걸 배우네. 그런데 난 체육이나 음악은 자신 있는데 그림 실력은 영 꽝이야. 어떡해? 그래도 선생님이 될 수 있어?"

은이가 걱정스러운 표정으로 물었다.

"걱정하지 마. 선생님에겐 그림을 잘 그리는 능력보다 아이들이 그림에 흥미를 갖도록 이끌어 주는 능력이 더 중요하니까. 그래서 실기 수업도 학생들을 가르치는 방법을 중심으로 배우지. 물론 너무 못 그리면 나중에 선생님이 돼서 아이들에게 좀 창피하겠지?"

"오케이! 엄마를 졸라서 내일부터 미술 학원에 다녀야겠어!"

은이가 주먹을 꼭 쥐었다. 삼촌이 웃음을 터트리며 이야기를 계속했다.

"대학교 4학년 땐 3학년 때보다 배우는 과목이 줄어들어. 이때는 보통 자기가 선택한 '전공 교과'를 깊이 있게 배우게 되지."

"전공 교과? 그게 뭐야?"

"교육대학교에서는 초등학교 선생님이 가르치는 모든 걸 배우지만 그중에서 좀 더 깊이 있게 공부할 교과를 선택하는데 그게 전공 교과야. 교육대학교에 입학하면 1학년 때부터 전공 교과를 선택하고 그에 따라 자신의 학과가 나뉘게 돼. 그래서 만약 국어에 대해 좀 더 자세히 배우고 싶으면 국어교육과를 선택하고, 체육에 대해 좀 더 자세히 공부하고 싶으면 체육교육과를 선택하는 거지. 삼촌은 1학년 때 공상 과학소설을 쓰고 싶다는 마음에 과학교육과를 선택했어."

"역시 삼촌은 뭔가 이상해. 그럼 나는 교육대학교에 가서 무슨 학과를 선택하면 좋을까? 삼촌은 어떻게 하면 좋겠어?"

은이가 고개를 갸웃거리며 생각에 잠겼다. 삼촌이 은이에게 알밤을 콩 주었다.

"으이그, 먼저 열심히 공부해서 대학에 합격하고 선택해도 늦지 않아."

"에이, 그건 나도 안다고!"

은이가 눈을 흘겼다.

"자, 그럼 이제부터 교육대학교에서 가장 중요한 곳 세 곳을 알려 주마. 삼촌이 선생님으로 살아가는 데 가장 큰 도움이 되었던 곳! 궁금하지?"

"와, 그런 곳이 있었어? 거기가 어딘데?"

은이의 눈이 반짝반짝 빛났다.

"궁금하지? 이제부터 삼촌을 잘 따라와!"

삼촌이 휘적휘적 팔을 휘두르며 앞장을 섰다.

사람과 사람들 속에서 배워야 할 것들

"와, 하늘 맑다! 은이야 너도 누워 봐!"

삼촌이 잔디밭에 들어가 두 팔을 벌리더니 벌러덩 누워 버렸다.

"뭐 하는 거야, 삼촌! 빨리 나와!"

은이가 주변의 눈치를 보며 말렸지만 삼촌은 막무가내였다.

"이렇게 누우면 얼마나 편한데. 그러지 말고 너도 누워 봐! 빨리!"

삼촌이 재촉하자 은이는 머뭇거리다가 삼촌 옆에 어설프게 몸을 뉘었다.

"팔다리를 쫙 펴고 큰대자로 누워 봐."

"에이, 나도 몰라!"

은이는 삼촌이 하라는 대로 온몸을 큰대자로 활짝 폈다. 그러자 이상하게 마음이 편해졌다. 그리고 눈앞에 보이는 맑은 가을 하늘도 마음에 쏙 들었다. 하지만 지금은 이러고 있을 때가 아니다. 은이는 몸을 일으켜 앉아 삼촌을 졸랐다.

"삼촌, 그만 일어나. 삼촌이 가자고 했던 곳 빨리 보고 싶단 말이야. 응?"

삼촌은 일어날 생각이 없는지 눈을 감고 중얼거렸다.

"지금 와 있잖아. 여기가 첫 번째 장소야."

"에이 정말, 또 장난치려는 거지?"

은이가 화가 나서 삼촌 다리를 꼬집었다. 그제야 삼촌이 몸을 일으켰다.

"장난이 아니야. 삼촌은 이 잔디밭에서 배운 것들 덕분에 선생님으로 살고 있는 거야."

"잔디밭이 교수님이라도 돼? 여기서 뭘 배운다는 거야?"

은이가 이해가 되지 않는다는 표정으로 삼촌을 바라보았다.

"대학교에서는 강의실에서만 배우는 게 아니야. 이런 잔디밭에서도 배울 수 있지. 강의실에서는 선생님이 되는 데 필요한 지식을

배우지만 잔디밭에서는 사람에 대해 배울 수 있거든. 그리고 선생님에겐 사람에 대해 배우는 게 꼭 필요해."

"사람에 대해 배운다고? 그게 무슨 뜻이야?"

"삼촌은 이곳 잔디밭에서 친구들하고 선후배들을 많이 만났어. 그 만남 속에서 서로의 고민과 생각을 듣다 보니 조금씩 사람을 이해하는 방법도 배우게 되었지. 초등학교 선생님에게 중요한 건 단지 국어, 수학, 영어 같은 교과 내용만이 아니야. 사람을 이해할 수 있어야 해. 사람을 이해할 수 있어야 학교에서 만나는 아이들도 이해할 수 있지 않겠어?"

"수업만 잘 가르치면 좋은 선생님 아니야?"

은이가 고개를 갸웃거렸다. 선생님이 되기 위해서는 사람을 이해해야 한다는 말은 유튜브나 인터넷에서는 해 주지 않았다. 삼촌이 미소를 지으며 대답했다.

"만약 은이 네가 선생님이 되었다고 생각해 보자. 그런데 너희 반 아이가 누군가를 좋아하는데 용기가 없어서 너에게 고민을 털어놓았다면 어떻게 도와줄 수 있지? 아니면 부모님과 갈등으로 학교 수업에 집중하지 못하는 아이가 있다면 어떤 말을 해 줄 수 있겠니? 친구들과 왕따 문제로 괴로운 아이에겐 어떤 위로를 해 줄 수 있지? 이런 모든 것이 사람을 이해하고, 아이들을 이해하지 않으면 해결할 수 없는 것들이야. 넌 그런 것들에 대한 해답을 국어나 영어 수업에서 얻을 수 있어?"

은이는 삼촌의 말에 눈이 커졌다. 학교에서 아이들이 겪는 여러 가지 어려움과 고민을 도와주는 일은 교과 수업을 열심히 가르치는 것과는 차원이 다른 문제였다. 이런 문제를 해결하는 방법은 어디서 배울 수 있는 거지?

"대학교 생활은 단지 강의를 듣고 학점을 따는 게 전부가 아니야. 사람들을 만나고 세상을 알아 가는 게 중요하지. 그런데 초등학교 선생님이 될 사람들에게는 이런 것들이 훨씬 더 중요해. 선생님은 교과서를 만나는 직업이 아니라 사람을 만나는 직업이기 때문이야. 아이들을 만나고 아이들을 이해하려고 노력하고 아이들과 아이들 사이의 생기는 문제에 대해 고민해 보려면 사람에 대한 폭넓은 이해가 필요해. 그런 준비 없이 학교에서 아이들을 만난다면, 아이들이 은이 너에게 마음을 열 수 있을까?"

은이는 삼촌의 말에 자신도 모르게 고개를 끄덕였다.

"교육대학교에 입학하는 사람들은 대부분 초등학교부터 고등학교 때까지 열심히 공부하고 모범생으로 살아온 사람들이 많아. 그러다 보니 공부는 잘하지만, 사람을 이해하는 것은 서툰 사람들도 많지. 이런 사람 중에는 선생님이 되어서도 여전히 아이들을 이해하는 것을 가장 힘들어하고 어렵게 여기는 사람들이 있어. 그래서 아이들과 선생님이 서로 상처를 주고받는 슬픈 일들이 발생하기도 하지."

삼촌이 차분한 목소리로 말을 이었다.

"아이들을 이해하기 위해서는 먼저 사람을 이해할 수 있는 힘을 길러야 해. 사람을 이해한다는 거……. 그건 은이 네가 경험한 그 어떤 것보다 더 넓은 세상을 살펴보고 탐험하는 일이 될 거야."

은이는 지금까지 선생님이 되면 아이들에게 수업을 잘 가르치기만 하면 된다고 막연하게 생각했었다. 하지만 삼촌의 이야기를 들어 보니 그것만이 전부가 아니었다. 아이들을 이해해야 하는 직업이라니……. 은이는 초등학교 선생님이라는 직업이 매우 중요한 일이라는 걸 새삼 느끼게 되었다. 그때였다. 어디선가 호루라기 소리가 들렸다.

"삐익! 삐익!"

"거기 두 분! 잔디밭에서 빨리 나오세요!"

"앗! 들켰다! 도망가자!"

삼촌이 후다닥 일어나 어느새 저만치 달아났다.

"에이! 삼촌 너무해!"

은이가 도끼눈을 뜨고 삼촌을 쫓아갔다.

중학교·고등학교 선생님은 어떻게 되나요?

초등학교 선생님이 될 자격을 얻으려면 전국에 있는 열세 개 대학교 중 한 곳을 졸업해야 합니다. 그렇다면 중학교나 고등학교 선생님이 되기 위해선 어떻게 해야 할까요?

중학교, 고등학교 선생님을 통틀어 중등교사라고 부르는데 중등교사가 되기 위해서는 대학교에 ○○교육과라고 부르는 학과에 입학해야 합니다. 이런 학과를 사범 계열 학과라고 부르는데, 예를 들어 국어교육과·수학교육과·과학교육과·미술교육과 등이 있습니다.

만약 여러분이 중등교사가 되고 싶다면 어떤 교과목을 가르칠지 생각해야 합니다. 만약 여러분이 국어 선생님이 되고 싶다면 대학의 국어교육과에 입학해서 국어를 가르치는 방법과 국어 지식 등을 폭넓게 배웁니다. 그렇게 4년을 공부하고 졸업하면 중등학교 2급 정교사 자격증을 받을 수 있는데, 이 자격증이 있어야 중등교사 임용고시를 볼 수 있습니다.

중등교사 임용고시는 총 두 번의 시험을 치러야 합니다. 1차 시험에서는 교육에 대한 전반적인 지식과 해당 교과 교육에 대한 지식을 평가하는 시험을 봅니다. 2차 시험은 교사로서의 적성을 갖추었는지 살피는 면접과 수업 계획을 세우고 직접 수업을 해 보여서 수업 능력을 평가받는 실기 시험을 봅니다. 이 두 차례의 시험에 모두 합격하면 중등교사가 되어 학생들을 가르칠 수 있습니다.

초등교사가 꼭 열세 개 대학교 중 한 곳을 졸업해야 하는 것과 달리 중등교사는 사범 계열 학과에 입학하지 않아도 중등학교 2급 정교사 자격증이 있으면 임용고시를 볼 수 있습니다. 대학에서 교사가 되기 위해 필요한 필수 과목을 더 듣거나, 대학을 졸업한 뒤에 다시 교육대학원을 졸업해도 중등학교 2급 정교사 자격증을 받을 수 있습니다.

수가 적은 교육대학교와 달리 사범 계열 학과가 있는 대학교는 전국적으로 많이 있습니다. 하지만 그만큼 중등교사 임용고시를 보려는 사람들이 많아서 선생님이 되기는 여전히 어렵습니다.

중등교사가 되면 중학교나 고등학교에서 자신이 공부한 학과 선생님이 됩니다. 초등학교 선생님은 다양한 과목을 가르치지만, 중등 선생님들은 국어 선생님은 국어만, 수학 선생님은 수학만 가르칩니다.

이렇게 초등 선생님들과 중등 선생님들은 선생님이 되는 과정과 모습은 조금 다르지만, 학생들을 가르치고 상담하며 아이들의 생활을 살피는 역할은 모든 선생님이 공통으로 하는 일입니다.

3

공부만 잘하면
좋은 선생님?

세상을 바라보는 눈이 필요해

"헉헉, 하마터면 잡힐 뻔했네."

삼촌이 주저앉아 숨을 몰아쉬었다.

"헉헉! 이게 뭐야 삼촌, 잔디밭에 들어가면 안 되는 거였어?"

"후유! 삼촌 대학 다닐 땐 언제나 잔디밭에 들어갈 수 있었는데 요새는 그렇지 않아. 공부 분위기를 망친다나 뭐라나? 아무튼 선생님을 뽑는 시험인 임용고시가 생기고 나서 모여서 웃고 떠들고 이야기를 나누던 학교 분위기가 완전히 변했지. 임용고시가 무엇인지는 나중에 이야기해 줄게. 자, 그럼 두 번째 장소로 가 볼까?"

삼촌이 몸을 일으켜 세우며 말했다.

"삼촌, 이번에 찾아갈 곳도 설마 쫓겨나는 그런 곳은 아니지?"

"걱정 마. 이번에 찾아갈 곳은 공부 잘하는 우리 은이에게 꼭 맞는 곳이니까."

은이는 삼촌의 말에 별로 믿음이 가지 않았지만 일단 삼촌을 따라가 보기로 했다. 삼촌이 은이를 데려간 곳은 교육대학교 도서관이었다.

"뭐야? 여긴 도서관이잖아. 우리 동네 도서관보다도 조그마한 걸. 잠깐, 알겠다! 여기에 선생님이 되는 데 꼭 필요한 특별한 책이 숨겨져 있는 거지?"

은이가 눈을 반짝이며 물었다.

삼촌도 심각한 표정으로 대답했다.

"당연하지. 교육대학교 도서관에는 선생님을 위한 특별하고, 신비하고, 놀라운 책들이 숨겨져 있어. 하지만 조심해야 해."

"조심? 뭘 조심하는데?"

"도서관 4층에 괴물들이 잠을 자고 있는데, 조금이라도 떠들면 너에게 달려들어 잡아먹으려고 할지도 몰라."

"삼촌 또 날 놀리려는 거지?"

은이가 손톱을 세웠다. 삼촌이 얼른 뒤로 물러났다.

"4층엔 교사가 되는 시험인 임용고시를 준비하는 수많은 교대생이 눈에 불을 켜고 공부하고 있어. 만약 네가 도서관에서 떠들면 정말 삼촌 말대로 괴물로 변해 달려들지도 몰라. 그러니까 조용조용, 알겠지?"

삼촌의 말에 은이가 침을 꿀꺽 삼키고 고개를 끄덕였다.

도서관 1층 서고는 크기는 작았지만 책들이 빼곡하게 꽂혀 있었다. 한두 명의 교대생 언니 오빠들이 책을 읽고 있는 것이 보였다. 삼촌 말로는 4층에 수많은 사람들이 있다고 했는데 왜 1층에는 사람들이 거의 없는 것일까? 은이가 작은 목소리로 삼촌에게 물었다.

"여긴 별로 사람이 없네? 정말 여기에 선생님이 되는 데 필요한 특별한 책들이 있는 게 맞아?"

"당연하지. 원래 보물은 사람들이 쉽게 찾지 못하는 곳에 있는 법이야. 별로 쓸모없어 보이는 게 진짜 보물일 수도 있지. 아, 찾았다!"

삼촌이 책 한 권을 꺼내 보여 주었다. 책 표지에는 커다란 석상 그림과 함께 《녹색 세계사》라는 글씨가 쓰여 있었다.

"이게 무슨 책인데?"

"환경 보호 관점에서 세상을 바라보는 책이야. 와, 이 책도 아직 있네!"

삼촌이 미소를 지으며 또 다른 책을 꺼내 보였다. 그 책의 표지엔 《신문 읽기의 혁명》이란 제목이 적혀 있었다.

"이런 책들이 선생님들을 위한 보물 같은 책이지."

선생님들을 위한 보물 같은 책? 그럼 이 책을 읽으면 선생님이 될 수 있는 걸까?

"이 책을 읽으면 정말 도움이 되는 거야? 혹시 선생님이 되는 시험 문제가 이 책에서 나와?"

삼촌은 고개를 가로저었다.

"아니, 그것보다 더 중요한 내용이 담겨 있지. 이 책은 세상을 바라보는 눈을 갖추는 데 도움이 되는 책이야. 선생님들에게 꼭 필요하지."

세상을 바라보는 눈? 삼촌의 말은 점점 더 알 수가 없었다.

"'선생님들은 세상 물정을 잘 모른다.'라는 말이 있어. 특히 초등학교 선생님은 더 그렇다는 거야. 그 말은 선생님들이 초등학생들과 생활하다 보니 세상을 보는 눈이 좁아진다는 뜻이기도 하지. 물론 이 말은 초등학교 선생님과 초등학생 모두를 무시하는 말이야.

요새 똑소리 나게 자기 생각을 이야기하고 어른보다 의젓한 초등학생들이 얼마나 많은데, 안 그래?"

"당연하지."

은이가 맞장구를 쳤다.

"그런데 선생님 중에는 정말 대학 내내 선생님이 되는 공부만 하고 세상에 대해 아무런 관심을 가지지 않는 사람들이 더러 있어. 이런 선생님들은 학교에서 학생들을 가르치기 위한 능력만 있으면 좋은 선생님이 된다고 생각하지. 하지만 삼촌 생각은 달라."

삼촌이 책을 다시 제자리에 꽂아 넣으며 말했다.

"초등학교 학생들도 세상에서 일어나는 일에 대해 자기 생각과 목소리를 낼 줄 알아야 해. 그러려면 세상을 자신만의 눈으로 바라볼 수 있는 능력을 키워야 하지. 또 세상에 대해 폭넓은 생각을 가진 어른들의 도움도 필요할 거고 말이야. 누가 그런 도움을 주겠어? 바로 초등학교 선생님들이 해야지. 만약 세상에서 일어나는 일에 대해 너희들이 선생님에게 물어봤을 때 '애들은 그런 거 몰라도 돼!'라고 말하면 어떨 것 같니?"

"당연히 우릴 무시하는 것 같아서 화나지."

"맞아, 어쩌면 그 선생님 때문에 학생들이 더는 세상에 대해 관심을 갖지 않게 될 수도 있어. 또 학생들에게 세상에 대해 이야기해 주고 싶어도 선생님이 아무것도 알지 못한다면 어떨까? '선생님도 잘 모르겠어.'라고 말할 수밖에 없겠지? 선생님들이 세상을 바라보는 눈을 가져야 하는 이유를 이제 알겠어?"

삼촌의 말에 은이가 고개를 끄덕였다.

"선생님이 세상을 보는 눈을 가지고 있다면 학생들이 세상에 대해 관심을 갖게 할 수 있고, 좀 더 쉽고 자세히 설명해 줄 수도 있

을 거야. 물론 무조건 선생님의 생각만 아이들에게 강요하라는 말은 아니야. 아이들의 생각도 들어 보고 아이들에게 여러 가지를 생각할 기회를 주는 선생님이 돼야 한다는 거야."

생각해 보니 은이네 반도 지난번 도덕 시간에 선생님과 반 아이들이 함께 세월호와 같은 사고가 다시 일어나지 않으려면 어떤 것을 해야 좋을지 이야기를 나눈 적이 있었다. 그때 은이는 친구들의 생각도 조금씩 다르다는 것을 알 수 있었고, 세월호 참사에 대해 좀 더 깊이 있게 생각할 수 있는 시간을 보냈다. 그때 담임 선생님이 '너희들은 어리니까 세월호 사건 같은 건 몰라도 돼.'라고 말했다면 정말 세상에 대해 관심 없는 아이로 남았을지도 모른다.

"세상에 대해 자기 목소리를 낼 수 있는 사람이 많아질수록 세상은 점점 더 좋아지게 돼. 초등학교 선생님도 세상에 대해 목소리를 내고, 초등학생인 너희들도 세상에 대해 목소리를 내기 시작하면 세상은 훨씬 더 좋아지지 않을까? 그것을 위해 선생님들이 세상을 바라보는 눈을 갖는 것, 그리고 학생들의 생각과 목소리를 존중해 주는 건 매우 중요한 일이야."

대학교 도서관을 나서면서 은이는 선생님이 되어서 아이들과 세상에 대해 이야기하는 자신의 모습을 떠올려 보았다. 그리고 이제부터라도 그저 시험공부를 하기 위해서가 아니라 세상을 보는 눈을 기르기 위해 책을 읽어 보기로 다짐했다.

다양한 문화를 체험해 보자

"여긴 왜 이리 정신없어? 여기도 선생님이 되는 데 필요한 곳이야?"

은이가 귀를 막고 삼촌에게 소리쳤다. 삼촌을 따라 들어간 건물에서는 한창 시끄러운 전자 기타 소리와 드럼 소리가 건물 전체를 울리고 있었다. 그래서 큰 소리로 말하지 않으면 아무것도 들리지 않을 지경이었다.

"물론이지! 여기가 가장 중요한 곳일 수도 있어!"

삼촌도 고함을 질렀다. 은이가 삼촌을 따라 건물 안쪽으로 더 들어가자 다행히 시끄러운 음악 소리는 점점 줄어들었다.

"후유, 이제 좀 괜찮네. 이제 알겠다. 난 삼촌이 여기 데려온 이유를 알 것 같아."

은이가 숨을 돌리고 삼촌에게 말했다.

"정말?"

"시끄러운 교실에 적응하는 훈련이 필요하다는 거지? 그리고 아이들 모두에게 들릴 정도로 큰 소리를 지를 수 있는 능력도 기르고 말이야. 맞지?"

삼촌이 은이의 말에 웃음을 터뜨렸다.

"푸하하! 그런 능력도 중요하긴 하지. 하지만 그것보다 중요한 게 있어."

"그게 뭔데?"

"이 건물 안에 있는 방문마다 뭐라고 쓰여 있는지 살펴봐."

삼촌의 말에 은이는 이곳저곳 방문들을 둘러보았다. 방금까지 시끄러운 소리가 흘러나왔던 곳은 '그룹사운드 높새바람'이라는 이름표가 붙어 있었다. 그 외에도 '우리 풍물 연구회', '햇살좋은 문학회', '마당극 길벗', '사진 연구회 찍자' 등등 이름표가 붙어 있었다.

"여기는 동아리들이 모여 있는 곳이잖아."

"맞아, 교육대학교에서 내가 즐기고 싶은 다양한 문화를 직접 경험해 볼 수 있는 곳이지."

"대학에서 받는 수업 중에 그림 그리기나 피아노 같은 것도 배운다며. 그런데 이런 동아리 활동이 꼭 필요해?"

은이는 이해가 되지 않았다. 선생님이 되기 위해 수많은 수업을 듣고 음악, 미술, 체육 같은 것을 열심히 하기도 벅찰 텐데, 굳이 동아리 활동까지 해야 하는 걸까?

"꼭 필요해. 이곳은 문화를 배우는 곳이 아니라 문화를 즐기는 곳이거든."

"문화를 즐기는 곳?"

"그래, 문화를 즐길 수 있는 선생님과 그렇지 않은 선생님은 큰 차이가 있으니까."

"문화를 즐길 수 있는 선생님? 그건 또 어떤 선생님인 거야?"

"다양한 문화에 대해 넓게 이해하고 새로운 문화를 배우는 데도 주저함이 없는 선생님이지."

삼촌의 설명에도 은이는 아직도 말뜻을 헤아리기 어려웠다.

"만약 너희 반 선생님이 학생들이 아이돌 그룹을 좋아해서 사진을 모으고 굿즈를 사는 것들을 한심하게 본다면 어떨 것 같아?"

"당연히 우리를 잘 모른다고 생각해서 화가 나겠지."

"맞아, 너희들의 문화를 선생님이 무조건 잘못됐다고 본다면 너희들도 속상할 거야. 반대로 학생들 문화를 이해하고 존중해 주는 선생님이라면 좀 더 학생들과 가까워질 수 있겠지?"

은이가 삼촌의 말에 고개를 끄덕였다. 그리고 1학기 국어 시간에 했던 발표 숙제가 떠올랐다. 그때 담임 선생님은 자신이 좋아하는 아이돌을 조사하고 발표해도 된다고 하셨다. 당연히 은이는 뛸 듯이 기뻤고 일주일 동안 정말 열심히 숙제를 준비했었다.

"만약 초등학교 때부터 대학에 들어가려고 공부만 하느라 제대로 문화를 즐기지 못하다가 대학교에 가서도 또 교사가 되기 위한 시험공부만 열심히 해서 선생님이 된다고 생각해 봐. 그러면 새로운 문화를 경험할 기회도 갖지 못한 채 학생들을 만나게 되는 거야. 그런 선생님이 아이들에게 새로운 문화를 경험해 보라고 자신 있게 말할 수 있을까? 아이들의 새로운 문화를 제대로 이해해 보려고 노력할 수 있을까?"

은이가 생각해 보니 삼촌은 집에서 맨날 이상한 일을 벌였다. 신기한 악기를 사 와서 연습한다고 시끄럽게 하거나, 어설픈 마술을 배워서 은이에게 보여 주지 않나, 뭔가 끊임없이 새로운 것을 하고 있었다. 며칠 전 본 VR 기계같이 어디서 구했는지 모를 물건들을 보여 주며 어린애처럼 신기해하기도 했다. 문화를 즐긴다는 게 그런 걸까?

"문화를 즐길 수 있는 선생님이 있어야 학생들도 문화를 즐길 수 있어. 잘못해도 괜찮으니까 재미있고 다양하게 문화를 즐기고 여러 가지를 체험해 볼 수 있다면 학교가 좀 더 재밌어지지 않을까?"

은이는 처음으로 이상한 일만 벌이는 삼촌이 괜찮은 선생님일지도 모른다는 생각이 들었다.

"좋아, 나도 그럼 지금부터 문화를 즐겨 볼 거야. 그러니까 삼촌 VR 이제 내가 써도 되지?"

은이의 말에 삼촌이 화들짝 놀랐다.

"뭐라고? 안 돼! 안 돼! 그건 내 보물 1호란 말이야! 절대 안 돼!"

은이는 삼촌의 당황하는 모습에 깔깔깔 웃음을 터뜨렸다.

나는 어떤 문화 체험을 해 보았나요?

나는 노래에 소질이 없는데, 나는 그림을 못 그리는데, 나는 학예회에서 연극을 할 때도 나와서 한마디도 못 했는데, 초등학교 선생님이 되어서 이런 것들을 어떻게 가르치지? 이런 걱정이 앞서는 어린이들도 있을 거예요.

초등학교 선생님이 여러 가지 예술적인 재능이 있으면 좋지만, 재능이 없다고 해서 초등학교 선생님을 못 하는 건 아닙니다. 하지만 적어도 여러 가지 예술 활동을 두려워해서는 안 됩니다. 초등학교는 학생들 자신이 어떤 재능을 가지고 있는지 살펴보는 시기입니다. 그래서 학생들이 다양한 경험을 하려면 두려움을 이겨 내고 문화와 예술을 즐기는 방법을 배워야 합니다. 그렇기에 다양한 문화 체험을 두려워하지 않고 즐겁게 누리는 선생님이 필요합니다.

내가 잘하지 못해도 여러 가지 예술 활동을 해 보고 다양한 문화를 체험해 보려고 노력한다면, 처음 새로운 문화를 접하는 학생들에게 용기를 북돋아 줄 수 있습니다.

지금까지 여러분은 어떤 문화 체험을 해 왔나요?

그리고 앞으로 어떤 문화 체험을 하고 싶은지 적어 보세요.

4

선생님이 되기 위한 과정

선생님이 되기 위한 시험, 임용고시

삼촌과 은이는 대학교 구경을 마치고 학교 안 작은 카페에 앉았다. 은이는 아이스크림을 주문했고 삼촌은 키위 주스를 주문했다. 삼촌은 키위 주스를 벌컥벌컥 다 마신 뒤 은이의 아이스크림에도 숟가락을 들이댔다. 물론 그것을 허용할 은이가 아니었다. 한동안 은이와 옥신각신하던 삼촌은 교육대학교 건물 너머 노을이 지는 풍경을 바라보다 대뜸 은이에게 물었다.

"교육대학교를 구경한 소감이 어때?"

"직접 와 보니까 좋아. 그리고 초등학교 선생님이 되어야겠다는 생각이 더 커졌어. 열심히 공부해서 꼭 교육대학교에 입학할 거야. 그리고 여러 사람을 만나고 여러 가지 책도 읽고 여러 가지 문화도 즐기는 멋진 대학생이 될 거야."

은이가 주먹을 꼭 쥐고 다짐했다.

"그래, 은이처럼 생각하는 친구들이 많을수록 더 좋은 선생님들이 많아질 텐데 말이야. 지금 교육대학교에 다니는 대학생들은 생각을 깊게 할 여유도, 문화를 즐길 여유도 별로 없어. 매우 안타까운 일이지."

삼촌의 얼굴이 어두워졌다.

"혹시 선생님을 뽑는 시험 때문이야?"

은이의 물음에 삼촌은 고개를 끄덕였다.

"국가에서 선생님을 뽑기 위해 보는 시험……. 바로 '초등교원 임용 경쟁시험' 때문이야. 간단히 임용고시라고도 부르는데, 이 시험이 생기기 전에는 교육대학교를 졸업한 사람들은 모두 초등학교 선생님이 될 수 있었어. 하지만 지금은 시험을 보고 합격한 사람만 초등학교 선생님이 되지. 그러다 보니 교육대학교 대학생들은 3학년 때부터 오직 시험만 준비하는 생활을 하게 돼. 마치 고3 수험생처럼 변하게 되는 거야. 어떤 친구들은 대학교 2학년 때부터 공부를 시작하기도 해. 그러니 세상을 볼 여유도 없고, 교육에 대해 진지하게 생각할 시간도 없어. 오로지 시험 준비에만 모든 힘을 쓰게 되는 거야."

"그래도 시험은 봐야 하는 거잖아. 예전에 시험도 보지 않고 모두 선생님이 되었던 게 이상한 거 아닌가? 좋은 선생님이 될 사람을 시험을 통해 뽑으면 더 좋은 거잖아."

은이가 고개를 갸웃거렸다.

"맞아, 어떤 방법이든 좋은 선생님을 뽑을 수 있으면 가장 좋겠지. 그런데 은이가 보기엔 좋은 선생님을 어떻게 뽑을 수 있을 것 같아? 단순히 시험을 잘 본 사람이면 좋은 선생님이라고 할 수 있을까?"

삼촌의 질문에 은이는 대답을 할 수 없었다.

"물론 세상의 모든 대학생이 직장을 얻기 위해 열심히 공부하고 있어. 그런 세상에서 시험 보는 게 문제라고 말하는 건 이상하게 들릴지도 몰라.

하지만 자기 직업에 대해 올바른 생각도 갖지 못한 채 오로지 다른 사람들과의 경쟁만 생각하고, 그 속에서 살아남아야 직장에서 일할 수 있는 세상이 정말 좋은 세상일까? 그렇게 무조건 경쟁에서 살아남는 사람만이 초등학교 선생님이 된다면 정말 좋을까? 간혹 속도가 조금 느리고 이해가 빠르지 못한 아이들도 있을 텐데 이들을 가르치기 위해서는 기다림과 더 많은 도움이 필요하다는 것을 경쟁만 해 온 선생님이 중요하게 생각할 수 있을까?"

"그럼 임용고시를 좋은 선생님을 고를 수 있는 시험으로 바꾸면 되잖아."

"그럼 좋겠지. 하지만 지금의 임용고시는 공부만 잘하는 사람을 원하고 있어. 임용고시는 우선 초등학교 1학년부터 6학년까지 교과서에서 배우는 교육 내용 전부를 글씨 하나까지 무조건 달달 외워야 하는 1차 시험을 통과해야 해. 여기에서 합격하면 수업을 잘하는지 평가하는 실기 시험과 영어 실기 시험 등을 보는 2차 시험도 통과해야 하지. 결국 임용고시는 잘 외우고 가르치는 기술이 좋은 선생님들이 뽑히게 되는 거야.

정말 이것만으로 좋은 선생님을 뽑는 게 가능할까? 사실 임용고시를 준비하는 대학생 대부분도 이 시험으로 좋은 선생님을 뽑을 수 있다고 생각하지 않아. 하지만 임용고시에 합격하지 못하면 학교 선생님이 될 수 없으니까 어쩔 수 없이 무조건 임용고시 공부에 매달리게 되는 거지."

은이는 임용고시를 보기 위해 오로지 공부만 하는 미래의 자기 모습을 떠올려 보았다. 끔찍하게 싫었다. 삼촌이 처음에 선생님이 되기 위한 가장 쉬운 방법으로 "열심히 공부하면 돼!"라고 말한 의미도 임용고시 때문이었구나 하는 생각에 마음이 무거워졌다.

그런데 삼촌은 이 어려운 시험을 어떻게 합격한 것일까? 도서관에서 열심히 공부하는 삼촌, 시험에 합격하기 위해 모든 걸 포기한 채 공부만 하는 삼촌은 전혀 상상이 되지 않았다.

"그런데 삼촌은 어떻게 선생님이 됐어? 삼촌도 임용고시를 봤을 거 아냐? 혹시 시험 때 커닝을 한 건 아니지?"

은이가 의심스러운 눈으로 물었다. 삼촌이 화가 나서 대답했다.

"아무리 그래도 커닝이라니! 삼촌이 그렇게 나쁜 사람으로 보이니?"

"미안, 그래도 삼촌이 열심히 공부하는 건 전혀 상상이 안 된단 말이야."

은이가 머리를 긁으며 말했다. 삼촌이 멋쩍게 웃었다.

"뭐, 삼촌 친구들도 삼촌이 임용고시 시험에 합격한 걸 '우리 대학 최고의 미스터리'라고 했으니, 말 다했지."

"삼촌은 도대체 어떻게 합격한 거야?"

"삼촌이 어떻게 시험에 합격했는지 그 비밀을 알려 줄까?"

삼촌처럼 맨날 이상한 일이나 벌이면서도 임용고시에 합격하는 방법이 있다면? 그 방법만 안다면 은이도 할 수 있을 것 같았다.

"삼촌이 합격할 수 있었던 건 무조건 할머니 때문이야."

"할머니?"

할머니가 합격의 비결이라니? 그게 무슨 뜻일까? 은이의 궁금증은 더 커질 뿐이었다.

"삼촌이 할머니의 뛰어난 기억력을 고스란히 물려받았기 때문이지."

할머니는 은이네 가족 중에서 가장 기억력이 좋았다. 그래서 일흔이 넘는 나이에도 수백 개가 넘는 전화번호를 기억하고 각종 집안일을 다 챙겼다.

"에이, 그게 뭐야? 삼촌 또 나 놀리려는 거지?"

은이는 삼촌의 기억력이 좋다는 말을 믿을 수가 없었다. 삼촌은 한 달 전에 가 본 곳도 어딘지 잘 기억하지 못할 정도로 건망증이 심했기 때문이었다.

"물론 삼촌이 할머니의 기억력을 모두 물려받았으면 정말 공부를 잘했겠지? 당연히 삼촌은 할머니 근처도 못 가지. 하지만 삼촌이 단기 기억력은 짱이거든. 적어도 외운 걸 딱 2주일 정도는 기억할 수 있어. 그래서 삼촌은 임용고시 시험 볼 내용을 2주 동안 달달 외웠어. 그래서 시험에 합격할 수 있었어."

"에이, 정말 그렇게 해서 시험에 합격하는 게 가능해?"

"그야 임용고시가 그냥 외우기만 하면 통과되는 시험이니까 가능했지. 물론 시험을 보고 난 뒤 공부한 내용은 모두 까맣게 잊어버렸어. 그러니 제대로 공부했다고 말할 순 없어."

삼촌의 말도 안 되는 이야기를 듣고 은이는 생각이 많아졌다.

"결국 삼촌이 선생님이 될 수 있었던 건 순전히 임용고시가 좋지 않은 시험이었기 때문인 거야. 참 웃기지?"

삼촌의 표정이 쓸쓸해 보였다. 은이는 아무 말 없이 삼촌을 바라보았다.

"그래서 삼촌은 학교에 첫 출근을 할 때 이렇게 다짐했어. 시험에 운 좋게 합격했으니 이제라도 좋은 선생님이 될 수 있도록 노력해 보자고 말이야. 그러니까 은이 너도 임용고시에 합격했다고 바로 선생님이 되었다고 생각하지 않았으면 좋겠어. 선생님이 된다는 건 학교에서 아이들을 만나면서……."

삼촌은 은이의 눈을 바라보며 말을 이었다.

"너 스스로 좋은 선생님이 되려고 노력할 때 시작되는 거야."

삼촌의 말에 은이는 천천히 고개를 끄덕였다. 어느덧 저녁이 되어 대학 교정에 가로등이 하나둘씩 켜졌다.

임용고시에 합격하지 않아도 선생님이 될 수 있다고?

은이와 삼촌은 집으로 돌아가는 지하철에 몸을 실었다. 오늘 하루 동안 교육대학교에서 여러 가지를 보고 많은 걸 고민하느라 몸도 마음도 피곤했지만 뿌듯한 기분도 들었다. 은이가 오늘 보고 들은 것을 다시 생각할 동안 삼촌은 누군가와 전화하느라 정신이 없었다.

"축구 게임에서 네가 날 이긴 적이 있었냐? 기꺼이 네 도전을 받아 주마!"

교육대학교에서 진지한 모습을 보였던 삼촌이 지하철에서는 예전의 엉뚱한 모습으로 돌아와 있었다. 은이는 그 모습을 보고 한숨을 푹 쉬었다.

"어쨌든 너도 참 고생이다. 사립초등학교가 공립초등학교보다 힘든 건 알지만 너희 학교는 좀 심하네. 그래도 할 말은 하고 살아야지."

삼촌의 통화 내용을 엿듣던 은이는 문득 궁금증이 생겼다.

'사립초등학교? 공립초등학교? 그게 무슨 뜻이지?'

은이는 통화를 마친 삼촌에게 바로 물어보았다.

"삼촌, 누구하고 통화한 거야?"

"응, 사립초등학교 선생님인 삼촌 진구야. 너도 알잖아. 우리 집에 몇 번 왔던 배가 불룩 나온······."

"아, 가끔 축구 게임 하러 오는? 그 아저씨도 선생님이었어?"

"당연하지! 사립초등학교 5학년 담임 선생님이야."

삼촌의 친구들은 왜 선생님 같은 사람은 하나도 없을까? 은이는 한숨을 내쉬었다.

"알겠어. 그런데 사립초등학교는 뭐야? 공립초등학교는 또 뭐고?"

"응, 나라에서 세운 학교 중 나라에서 직접 관리하는 학교를 국립학교라고 하고, 시나 도에서 관리하는 학교를 공립학교라고 해. 대부분의 초등학교는 공립학교지. 그런데 초등학교 중에는 개인이 세운 초등학교도 있어. 그런 학교를 사립초등학교라고 해."

77

"그럼 사립초등학교 선생님도 똑같이 임용고시를 보고 선생님이 되는 거야?"

"아니, 사립초등학교는 국가에서 세운 학교가 아니잖아. 그래서 국가에서 보는 시험인 임용고시를 보지 않아."

"그럼, 전국에 있는 열세 개의 특별한 대학교 중 하나를 졸업하지 않아도 사립초등학교 선생님이 될 수 있어?"

"그렇진 않아. 사립초등학교든 공립초등학교든 전국에 있는 열세 개 대학을 졸업한 사람만이 초등학교 선생님이 될 수 있어. 하지만 사립초등학교는 개인이 세운 학교라서 임용고시는 보지 않고 사립초등학교 내에서 정해 놓은 시험을 봐야 해. 게다가 사립초등학교는 전국에 70여 개밖에 안 돼."

"에이, 결국은 초등학교 선생님이 되려면 시험을 봐야 한다는 거잖아."

은이가 풀 죽은 목소리로 말했다.

"으이그, 그럼 사립초등학교 선생님은 그냥 하는 줄 알았냐? 하지만 학교에서 너희들을 가르치는 선생님 중에는 임용고시에 합격하지 않은 선생님들도 있어."

"정말?"

은이의 눈이 다시 커졌다.

"학교에 오시는 기간제 선생님이나 시간 강사 선생님들은 임용 고시를 보지 않아도 학교에서 너희들을 가르칠 수 있어."

"기간제? 시간 강사? 그런 선생님들도 있어?"

"너희 반 선생님이 며칠 전에 출장 때문에 학교에 안 오신 적 있었잖아. 그때 하루 동안 대신 오신 선생님이 시간 강사 선생님일 거야. 그리고 만약 너희 담임 선생님이 몸이 아프거나 어떤 사정으로 한 달 이상 학교에 올 수 없을 땐 대신 너희들을 가르칠 선생님이 필요하겠지? 그렇게 일정한 기간만 학교와 계약해서 너희들을 가르치는 선생님을 기간제 선생님이라고 해. 이분들은 비정규직 선생님인 거야. 너 정규직과 비정규직이 무슨 뜻인지 알고 있지?"

"음, 지난번에 우리 담임 선생님이 알려 주셨어. 정규직은 회사가 정식으로 직원으로 고용한 사람이고 비정규직은 일시적으로 고용한 사람이라 정규직만큼 대우를 받지 못한다고. 맞지?"

"오, 잘 알고 있는데? 초등학교 선생님들도 마찬가지야. 보통 초등학교 선생님들은 임용고시에 합격하면 국가가 발령을 내서 선생님들을 초등학교로 보내. 그런 뒤에 학교에서 학생들을 가르치지. 하지만 비정규직 선생님들은 학교와 일정 기간 동안 계약해서 학생들을 가르치는 거야. 물론 이것도 아무나 할 수 있진 않아. 적어도 '초등 정교사 2급 자격증'을 가진 사람이 비정규직 선생님이 되는 거야."

"초등 정교사 2급 자격증? 그건 어떻게 하면 받을 수 있는데?"

"전국에 있는 열세 개 특별한 대

학교 중 하나를 4년 동안 다니고 졸업하면 누구나 이 자격증을 받을 수 있어. 결국, 정규직이든 비정규직이든 열세 개 대학교 중 한 곳을 졸업해야 초등학교 선생님이 될 수 있다는 말씀!"

은이는 알겠다는 듯이 고개를 끄덕였다. 삼촌이 말을 이었다.

"그런데 임용고시에 합격하지 않은 선생님들은 임용고시에 합격한 선생님들보다 선생님으로서 자격이 없는 걸까? 그렇지 않아. 보통 열세 개 대학교에서 이미 선생님이 될 기본적인 능력은 충분히 기르고 졸업하니까. 좋은 선생님이 되는 건 이후에 노력을 더 하느냐 안 하느냐에 달렸다는 건 알고 있지?"

"삼촌을 보니까 딱 알겠는데 뭐. 임용고시에 합격했다고 꼭 괜찮은 선생님이 되는 건 아니라는 거."

은이가 장난스럽게 혀를 쏙 내밀었다.

"잠깐, 그게 무슨 말이야?"

삼촌이 펄쩍 뛰었다.

"삼촌이 얼마나 괜찮은 선생님인데. 너 너무 하는 거 아니냐? 네가 우리 학교에 직접 와 보면 그런 말이 쏙 들어갈걸?"

"헤헤, 어차피 내가 삼촌 학교에 가서 볼 수 있는 것도 아니니까 그냥 괜찮은 선생님이라고 믿어 줄게, 됐지?"

"와, 은이가 삼촌을 그 정도로밖에 생각하지 않았단 말이지? 좋

아. 그럼 네가 우리 학교로 와 보면 될 거 아냐."

"나도 초등학교 6학년 학생이라 학교 가야 하네요. 삼촌 학교를 내가 어떻게 가?"

"이번 주 목요일부터 너희 학교 재량 휴업일이잖아. 그때 우리 학교로 오면 되겠네. 내가 특별히 우리 반에서 교생 실습을 할 수 있도록 해 주마."

"교생 실습? 그게 뭔데?"

"교육대학교에 다닐 때 대학생들이 초등학교에 가서 선생님들이 하는 수업도 보고 실제 선생님처럼 학생들을 직접 가르치는 걸 말해. 다른 말로 교육 실습이라고도 하지."

"가, 가만! 그럼 나보고 삼촌 반에 가서 수업을 직접 하라는 거야? 말도 안 돼! 삼촌도 6학년 담임이잖아. 내가 어떻게 6학년들을 가르쳐?"

은이가 펄쩍 뛰었다.

"교생 실습은 교육대학교 학생이 아니면 할 수 없어. 초등학생 중에 이런 기회를 가질 수 있는 사람이 몇 명이나 될 것 같니? 잊지 마. 목요일 아침부터 시작이야! 두고 보자, 내가 아주 제대로 교생 실습을 시켜 주마!"

"삼촌!"

은이가 황급히 말렸지만 삼촌은 아무것도 들리지 않는 사람처럼 콧노래를 부르며 집으로 향했다.

임용고시에는 어떤 문제가 나올까요?

초등학교 선생님을 뽑는 임용고시는 1차 시험에서 최종 합격자의 1.5배 되는 수의 사람들을 합격시키고 여기서 다시 2차 시험을 봐서 최종적으로 합격하는 사람을 가리는 것으로 이루어집니다. 만약 서울에 100명의 초등학교 선생님이 필요하다면 1차 시험에서 150명을 뽑고, 2차 시험에서 그중 100명을 다시 뽑게 되는 것입니다.

1차 시험은 크게 교육과정 시험과 교직 논술 시험이 있습니다.

교육과정 시험은 초등학교 모든 교과의 전 영역에서 가르치는 내용, 방법, 평가와 관련된 문제가 나옵니다. 이 시험은 번호를 고르는 객관식 문제가 아니라 모두 간단한 답이나 문장을 쓰는 서술형입니다.

교직 논술 시험은 교육과 관련된 주제에 대해 1200자 정도의 분량으로 자신의 생각을 적는 시험입니다. 하지만 교직 논술 시험의 주제는 교육에 대한 전문적인 지식이 없으면 쓸 수 없는 주제들로 되어 있어서 단순히 자기 생각만 써서는 좋은 점수를 얻을 수 없습니다. 또한 맞춤법이나 글자 수도 정확히 맞추어야 합니다.

1차 시험에 합격하면 2차 시험을 보게 되는데 시험 내용은 교직 면접, 학습지도안 쓰기, 수업 실연, 영어지도안 쓰기, 영어 면접으로 이루어져 있습니다.

교직 면접은 교사와 교육에 대한 자신의 생각을 말하는 것입니다. 이때도 정해진 시간에 맞게 정확히 자신의 생각을 말해야 합니다.

학습지도안 쓰기는 한 시간 동안 학생들에게 가르칠 내용에 대해 구체적인 계획서를 쓰는 것입니다.

수업 실연은 실제로 어떻게 수업을 할 것인지를 그대로 보여 주는 것을 말합니다. 그래서 실제 수업을 하는 것처럼 학생들에게 질문도 하고 발표도 시켜야 합니다. 초등교사는 모든 과목을 가르쳐야 하므로 영어 수업을 어떻게 가르칠 것인지에 대한 계획서인 영어지도안 쓰기와 영어로 자신의 생각을 말하는 영어 면접도 시험 과목에 있습니다.

또 임용고시는 시험을 보는 지역에 따라 시험 방법이 조금씩 다른데, 어떤 지역(서울)에서는 수업을 직접 해 본 후, 자신의 수업의 잘한 점과 잘못한 점을 말하게 하고, 어떤 지역(제주)에서는 그림 그리기나 단소 연주 등을 잘할 수 있는지 실기 시험을 보기도 합니다.

5

선생님은 바쁘다, 바빠!

은이, 교생 실습을 하다

"아우 졸려. 도대체 지금이 몇 시야?"

아침 7시밖에 안 되었는데 은이와 삼촌은 버스를 타고 있었다. 평소 같으면 8시 10분쯤 일어나서 느긋하게 학교에 가겠지만 오늘은 삼촌을 따라가야 해서 6시부터 일어나야 했다.

"30분쯤 더 가면 삼촌 학교 도착이니까 좀 참아."

삼촌이 빙긋 웃으며 말했다.

"아니, 우리 반 선생님도 8시 40분에 오시는데 왜 삼촌은 이렇게나 빨리 가는 거야?"

"선생님들이 항상 8시 40분에 출근해서 4시 40분에 퇴근하는 줄 아니? 일이 있으면 일찍 출근하고, 해야 할 일이 남으면 늦게 퇴근

하는 선생님들이 얼마나 많은데. 네가 교생 실습을 하기로 했으니 선생님들처럼 생활해 봐야지."

"쳇, 삼촌이 반은 강제로 시킨 거면서……."

은이는 투덜거렸다. 하지만 선생님이 되어서 학교에 출근하는 자신의 모습을 상상하니 조금 설레기도 했다. 삼촌네 반 아이들이 같은 또래인 은이가 교생 실습을 왔다는 걸 어떻게 생각할까? 생각해 보니 좀 창피하기도 하고 뭔가 재미있는 일이 생길 것 같기도 했다.

"자! 여기가 삼촌 교실이야."

교실 문이 열리고 은이 눈에 보인 것은 커다란 드럼과 기타들이었다. 교실에 왜 저런 악기들이 있는 걸까?

"아이들이 오기 전까지 악기를 준비해야 하니까 은이야, 네가 좀 도와줘."

"저 드럼하고 기타들은 아이들이 쓰는 거야?"

"당연하지. 우리 반 밴드부가 사용하는 거야. 실력은 아직 형편없지만 그래도 열정만큼은 최고인 밴드거든."

삼촌은 스피커와 앰프에 악기를 연결하고 전원을 켰다. 그렇게 준비가 다 끝나자 교실에 아이들이 하나씩 들어오기 시작했다.

"안녕하세요! 어? 쌤, 근데 쟨 누구예요."

드럼 스틱을 들고 온 키 큰 아이가 은이를 바라보며 말했다. 순간 은이의 얼굴이 빨개졌다.

"어허! 쟤라니. 오늘과 내일 동안 우리 반에 교생 실습을 하러 온 교생 선생님이야."

"예? 뭐라고요?"

아이들이 모두 당황한 표정으로 삼촌과 은이를 번갈아 쳐다보았다. 은이는 쥐구멍에라도 들어가고 싶은 심정이었다. 삼촌은 그러거나 말거나 의자 하나를 들고 와 은이 앞에 내려놓았다.

"일단 오늘은 관찰 실습이니까, 아이들과의 하루가 어떻게 흘러가는지 잘 살펴보면 돼. 알겠지?"

은이는 삼촌의 말에 얼떨결에 고개를 끄덕이고 의자에 앉았다.

"자, 오늘 연습은 공연곡 중심으로 하는 거 알지? 드럼은 기본 박자 연습했지? 필인 할 때 자연스럽게 하고, 베이스는 소리가 너무 작더라. 틀려도 되니 자신 있게 연주하는 거 있지 마. 보컬! 이제 선생님보다 목소리 작게 부르면 안 된다, 알겠지? 그럼 시작해 보자! 하나, 둘, 셋!"

삼촌의 신호와 함께 아이들이 연주를 시작했다. 생각보다 꽤 듣기 괜찮은 연주였다. 아이들은 각자 맡은 악기에 집중하고 있었다. 보통 교실에서의 수업을 생각하면 으레 교과서를 펴고 있는 아이들의 모습만 떠올랐다. 그런데 아이들이 아침에 드럼을 치고 노래를 부르다니, 은이에게는 낯설고 신기한 광경이었다. 그 속에서 삼촌은 마치 지휘자가 된 것처럼 아이들과 같이 노래를 부르고 박자를 맞추고 있었다.

"우리 반 애들이 밴드를 하고 싶어도 모두 다 학원에 다니는 통에 수업 끝나고는 도통 시간을 낼 수 없다잖아. 그래서 어쩔 수 없이 아침 8시에 밴드 연습을 하는 거야. 아예 악기를 처음 만져 본 아이들이 대부분이라 처음엔 엉망진창이었어. 그래도 지금은 꽤 잘하지?"

"응. 근데 이 학교에는 밴드 연주 수업도 있는 거야?"

"아니야, 그냥 아이들과 내가 하고 싶어서 만든 거야. 사실 삼촌도 다룰 줄 아는 악기는 우쿨렐레 하나밖에 없었거든. 그래도 용기를 내서 해 본 거지. 잘 못해도 그냥 한번 도전해 보고 경험해 보는 거지. 재밌잖아!"

삼촌은 다시 밴드부 아이들과 신나게 노래를 부르기 시작했다. 그 모습을 보니 문화를 즐기는 선생님이 되어야 한다는 삼촌의 말이 떠올랐다.

밴드부 아이들의 연습이 끝나 갈 시간이 되자 나머지 아이들도 교실에 들어왔다. 삼촌은 아이들과 하나하나 반갑게 악수를 하면서 인사를 나누었다. 아이들도 웃고 있었고 삼촌도 웃고 있었다.

"아침을 즐겁고 좋은 기분으로 시작하면 우리 반 아이들 모두의 하루가 즐거워진다! 난 그렇게 믿어. 그래서 즐겁게 인사하는 거야."

삼촌이 은이에게 씩 웃으며 말했다. 은이는 그 모습이 어쩐지 좋아 보였다.

"선생님 저기 있는 애는 누구예요?"

"선생님 딸이에요?"

"교생 실습인가 뭔가 하러 온 사람이래, 맞죠?"

은이의 모습을 보고 아이들이 웅성거렸다. 삼촌이 입을 열었다.

"저기 앉아 있는 사람은 오늘하고 내일 동안 우리 반 교생 실습을 할 선생님이야. 너희들하고 나이는 같지만 진짜 선생님처럼 잘 대해 주기 바라."

"와, 그럼 우리 반에서 수업도 하는 거예요?"

머리를 양 갈래로 묶은 여자아이가 벌떡 일어나서 물었다. 그 말에 은이는 화들짝 놀랐다.

"오늘은 관찰 실습이니까 수업은 안 할 거야. 하지만 내일은 수업을 해야겠지? 은이 선생님?"

"사, 삼촌!"

"와, 재밌겠다!"

은이가 자리에서 일어나 무언가 말하려 했지만 아이들의 함성에 묻혀 버리고 말았다. 그렇게 은이의 좌충우돌 교생 실습이 시작되었다.

선생님은 학생들이 없을 때 무엇을 할까?

"관찰 실습을 가면 보통 교실 맨 뒷자리에 앉아서 담당 선생님의 수업을 지켜봐. 하지만 우린 좀 다르게 해 보자."

삼촌이 은이가 앉을 자리를 교실 맨 앞쪽으로 마련해 주며 말했다.

"선생님들이 어떻게 수업을 하는지도 중요하지만, 학생들이 어떤 모습으로 수업을 듣는지 살펴보는 게 중요하거든. 그러니까 은

이 너는 여기 앉아서 학생들의 모습을 잘 살펴봐."

평소 학교에 있을 때 은이는 아이들을 바라보며 맨 앞에 앉아 있었던 적이 없었다. 사실 수업을 들을 때도 선생님에게 집중하지, 전체 아이들을 바라보지는 않는다. 아이들을 정면으로 보게 되자 기분이 묘했다. 정말 선생님의 시선으로 학생들을 바라보는 것 같았기 때문이다.

"아, 그리고 우리 은이 교생에게 주는 한 가지 미션이 있어."

"미션?"

"우리 반 학생 중에 가장 눈에 띄고 특별해 보이는 학생 한 명을 선택해 줘. 선생님의 입장에서, 알겠지?"

은이는 고개를 끄덕였지만 걱정이 앞섰다. 선생님 입장에서 특별해 보이는 학생이란 누굴 말하는 걸까? 삼촌은 그게 어떤 학생인지 알려 주지 않았다. 그냥 수업을 방해하는 학생이나 공부를 잘하는 학생을 말하는 걸까? 그건 아닌 것 같았다. 그럼 어떤 학생이 특별한 학생일까? 은이는 자신이 삼촌의 미션을 잘 수행할 수 있을지 자신이 없었다. 그때 수업 시작종이 울렸다.

"자, 그럼 수업을 시작해 볼까."

삼촌의 수업은 예상외로 그리 특이하지도 이상하지도 않았다. 조금은 산만하고 조금은 소란스러운 평범한 수업……. 은이네 반과 비교한다면 학생들의 질문이 많다는 게 조금 다를까? 아이들의 모습도 별반 다르지 않았다. 친구들과 잡담하는 아이도 있고 열심히 지우개 가루를 만들다 삼촌과 눈이 마주쳐 깜짝 놀라는 아이도 있었다. 정면에서 보고 있으니 아이들이 교실에서 여러 가지 행동을 하는 모습을 하나하나 볼 수 있었다.

'이 교실에서 가장 특별해 보이는 아이는 누구일까?'

어떤 아이가 선생님의 입장에서 특별할까? 은이는 혹시 특별한 아이를 놓치면 어쩌나 하는 마음에 정신을 집중하고 교실의 아이들을 하나하나 세심하게 살펴보았다. 수업 중에 아이들을 이렇게 자세히 살펴본 적은 처음이었다.

그때였다. 은이의 눈에 키 작은 단발머리 여자아이가 눈에 띄었다. 그 아이는 선생님의 질문에 곧잘 대답하고 문제도 열심히 풀었지만 뭔가 다른 친구들과 달랐다. 문제는 시선이었다. 선생님을 볼 때를 제외하면 아이의 시선은 책상을 향해 있었다. 그 아이의 시선은 단 한 번도 반 아이들에게 향하지 않았다. 은이는 단발머리 아이가 궁금해졌다. 이 아이는 어떤 아이일까? 무슨 사정이 있을까? 수업을 관찰하면서 은이에게 그 아이는 점점 특별한 아이가 되어 갔다.

"오늘 수업 끝! 내일 봅시다!"

"안녕히 계세요!"

인사가 끝나고 아이들이 우르르 교실에서 빠져나갔다.

"어휴, 끝났네. 은이도 수고했어."

삼촌이 은이에게 달콤한 코코아를 타 주었다. 은이도 코코아를 한 모금 마신 뒤 한숨을 쉬었다.

"후유, 수업을 구경만 했는데도 힘드네. 수업도 다 끝났는데 이제부터 선생님들은 뭐해? 퇴근 때까지 쉬는 거야?"

은이는 수업이 끝난 뒤 퇴근할 때까지 선생님들이 무엇을 하는지 항상 궁금했다. 방과 후에 볼 수 있는 선생님들의 모습은 컴퓨터 앞에 앉아 있는 모습이 대부분이었기 때문이다. 혹시 학생들 몰래 게임을 하거나 재미있는 영화를 보는 건 아닐까?

"쉴 수 있으면 얼마나 좋겠니. 이제부터 선생님들은 여러 가지 일을 해야 해."

"무슨 일을 하는데?"

"제일 많이 하는 건 다음 날 수업 준비겠지. 내일 가르쳐야 할 수업 내용을 살펴보고 수업을 어떻게 할지 생각하는 일부터 수업에 필요한 영상 자료나 실험 자료, 교과별 준비물이 있으면 미리 준비하지. 과학 시간에 할 실험이 조금 위험할 것 같으면 미리 해 보기도 하고, 미술 시간에 할 활동이 학생들에게 어려울 것 같으면 미리 해 보면서 어떤 부분을 잘 알려 줘야 하는지도 확인해."

삼촌은 이렇게 말하면서도 연신 컴퓨터로 무언가 일을 하고 있었다. 맨날 집에서 소파와 한 몸이 되어 있는 삼촌과는 영 다른 모습이었다.

"수업 준비도 생각보다 할 일이 많구나!"

"수업 준비만 하면 좋게. 선생님들은 담당 업무라고 해서 수업 말고도 맡은 일들이 있어. 여러 가지 학교 행사를 계획하는 일을 하는 선생님도 있고, 소방 훈련을 준비하는 선생님, 방과 후 수업을 관리하고 도서관 운영을 계획하는 선생님, 다른 공공 기관에서 요청한 일을 하는 선생님 등등 각자 맡은 업무들을 해야 해.

어떤 경우에는 담당 업무가 많아서 수업을 제대로 못 하는 경우도 생기지. 다른 나라에서는 선생님들이 수업만 열심히 하면 된다는데 우리나라 선생님들은 학교에서 일어나는 거의 모든 일을 해야 해. 그뿐만 아니야. 부모님들이 찾아오시면 부모님 상담도 해야 하고 학교 운동회나 행사가 있으면 모두 나와 의자를 옮기고 만국기를 달아야 하지.

아, 맞다. 3시부터 인사자문위원회 회의에 참여해야 하는데. 깜박 잊고 있었네. 은이 넌 교실에서 잠시 기다려."

삼촌이 화들짝 놀라 여러 가지 서류들을 주섬주섬 챙겼다.

"회의도 있어?"

"그럼! 학교에서 얼마나 많은 회의를 하는데······. 매주 전체 선생님들이 모여서 학교 운영에 대한 회의를 하고, 일주일마다 같은 학년 선생님끼리 학년에 있는 여러 가지 문제를 해결하는 회의를 해. 그뿐만 아니야. 학생들 평가를 어떻게 할지, 선생님 평가를 어떻게 할지, 체육 행사를 어떻게 할지에 대해 결정하는 회의들이 있고, 오늘 삼촌이 가는 인사자문위원회처럼 선생님의 승진이나 상벌을 결정하는 회의도 있어. 그래서 선생님들은 보통 일주일에 서너 개씩 회의에 참여해야 해. 일단 지금은 삼촌이 급하니까 좀 있다가 이야기하자."

　이렇게 말하며 삼촌은 서둘러 교실을 빠져나갔다. 은이는 평소에 선생님들은 수업이 끝나면 쉬는 줄만 알았다. 그래서 집에서 맨날 늘어져 있는 삼촌이 이해되지 않았다. 그런데 오늘 와 보니 학교에서 선생님들이 많은 일을 하고 있다는 걸 새삼 느끼게 되었다.

선생님도 공부를 한다고?

한 시간 정도가 지난 뒤, 삼촌은 녹초가 된 모습으로 교실 문을 열고 들어왔다.

"아, 난 회의가 제일 싫어."

은이가 안쓰러운 눈으로 삼촌을 바라보았다.

"삼촌, 이제 오늘 할 일은 다 한 거야?"

"아니, 10분 뒤에 연수가 있다네. 어휴, 오늘 은이를 계속 기다리게 하네. 이럴 줄 알았으면 다른 날로 잡았을 텐데……."

삼촌이 미안한 표정을 지었다.

"괜찮아. 교실에서 이것저것 구경하는 것도 재밌는데 뭘. 그런데 연수는 뭐야?"

"선생님들이 아이들을 가르치기만 하는 것 같지? 그렇지 않아. 선생님들도 열심히 공부를 해. 좀 더 좋은 수업을 하기 위해 서로 의견을 주고받기도 하고, 전문가에게 강의를 듣기도 하는데, 이렇게 여러 가지 공부를 하는 걸 연수라고 해."

"선생님들도 공부를 한다고?"

은이는 지금까지 선생님은 단지 아이들을 가르치기만 하면 되는 줄 알았다. 그런데 선생님들도 공부를 하고 배운다니!

"당연히 선생님들도 공부를 해. 기본적으로 수업 준비를 하면서 공부를 하고, 학교에서 받는 연수뿐만 아니라 스스로도 연수를 통해 여러 가지를 배워. 선생님들은 보통 1년에 200시간 정도 연수를 받는데 내가 아는 선생님 중에는 1000시간을 넘게 받는 분도 계셔. 그리고 5년 이상 학교에서 근무한 선생님들은 나라에서 의무적으로 실시하는 특별한 연수를 받아야 해. 그러니까 공부를 하기 싫어하는 우리 은이에겐 안됐지만, 선생님들은 평생 공부를 계속해야 해."

삼촌이 놀리듯이 말했지만 은이는 이번만큼은 발끈하지 않았다.

"그래도 좋은 선생님이 되기 위해 공부해야 하는 거니까 참을 수 있을 것 같아."

"오호, 우리 은이가 뭔가 달라진 것 같은데. 그런데 선생님들이 받는 연수가 다 좋은 건 아니야. 어떤 연수는 내용도 별로 없고 매년 반복되는 연수를 억지로 받아야 하는 경우도 있어. 삼촌 생각엔 선생님들이 스스로 선택해서 배우고 공부하는 연수가 제일 효과도 좋고 의미도 있는 것 같아. 너희들도 공부할 때 그렇잖아. 억지로 무조건 해야 하는 공부가 아니라 내가 필요하다고 생각해서 스스로 공부할 때 더욱 효과적이잖아."

은이가 고개를 끄덕였다. 은이도 억지로 공부를 시키는 학원을 최근에 그만두어서 그 기분을 100퍼센트 이해할 수 있었다.

"연수가 아니더라도 선생님들이 모이면 늘 수업 이야기, 학생들 이야기를 해. 자기 반에서 수업할 때 어려웠던 점을 이야기하며 좋은 해결 방법을 찾아가기도 하고, 수업에 알맞은 자료를 같이 만들기도 하고, 좋은 자료는 서로 나누어 쓰기도 하지. 또 반에서 대하기 힘든 학생들이 있을 때 어떻게 하면 좋을지 서로 고민을 털어놓기도 하고 좋은 방법을 함께 찾아가기도 해.

이런 것들은 따로 연수라고 말하지 않지만, 선생님들끼리 서로서로 배우는 것이라고 할 수 있지. 사실 선생님들은 모이기만 하면 어디서든 수업 이야기, 학교 이야기, 학생 이야기를 하기 때문에 어떤 선생님들은 적어도 놀러 갔을 때는 절대 학교 이야기를 하지 말자고 약속을 정하기도 한대. 그렇게 굳게 약속하고도 어느 순간, 수업 이야기, 학생 이야기를 하고 있는 자신들을 발견하지. 그래서 우스갯소리로 선생님들이 모여서 무조건 학교 이야기를 하게 되는 걸 선생님들의 불치병이라고도 해."

삼촌이 쓴웃음을 지으며 말했다.

"선생님들은 항상 학교와 학생들을 생각하고 계시구나! 그런 줄은 몰랐어."

"선생님마다 교육에 대한 생각이 다르고, 아이들에 대한 생각,

가르치는 것에 대한 생각도 조금씩 달라. 그래서 어떨 땐 학생들을 이해 못 하는 사람처럼 보이기도 하지. 하지만 모든 선생님들은 언제나 학생들을 생각하고 있어. 그래서 열심히 연수도 듣고 공부도 하는 거야. 너희들이 선생님들의 그 마음만큼은 알아주었으면 해."

삼촌의 말을 들으니, 학교에서 늘 보는 선생님들이 새롭게 보였다. 그리고 자신이 미래에 학교 선생님이 되면 삼촌과 다른 선생님들처럼 학생들을 위한 공부를 열심히 해 보겠다고 다짐했다.

상담, 서로의 마음을 이해하는 과정

"첫 번째 교생 실습은 어땠어?"

집에 돌아오는 버스 안에서 삼촌이 물었다.

"새벽부터 일어나느라 좀 힘들었지만 선생님이 되어 교실에 있는 기분도 나쁘지 않은걸."

"오, 진짜 선생님처럼 이야기하는데? 참, 내가 준 미션은 어떻게 되었어? 은이 선생님 눈엔 누가 가장 특별하게 보였어?"

"음, 내가 제대로 선택한 건지는 잘 모르겠지만, 네 번째 분단 마지막 줄에 있던 단발머리 여자아이 있잖아. 그 아이가 나한텐 특별해 보였어."

 은이는 오늘 자신이 본 여자아이에 대해 간단히 설명했다.

 "그 친구는 최근에 우리 학교로 전학 온 아이야. 그 전 학교에서 친구들과 사이가 틀어져서 힘들어했었대. 전학 온 지 며칠 지나지 않아서 아직 낯설어하고 있어. 그래서 새로운 친구를 사귀고 싶지만 용기를 내지 못하고 있는 상태야."

 "삼촌도 그 아이를 눈여겨보고 있었구나!"

"당연하지. 지금 삼촌은 그 아이를 잘 살펴보고만 있는 중이야. 일단은 그 녀석도 시간이 필요하거든."

"시간?"

"예전의 상처를 이겨 내고 친구들을 새로 사귈 수 있는 힘은 스스로 길러야 하거든. 그래서 삼촌이 관심을 가지고 지켜보면서 스스로 상처를 치유할 시간을 주고 있는 거야. 어떨 땐 어른들이 섣불리 나서는 것보다 기다려 주는 게 필요할 때가 있거든. 그나저나 우리 반 아이들 중에서 그 아이를 발견했다니 대단한걸?"

"뭐 그렇게 치켜세울 필요는 없어."

"치켜세우는 게 아니야. 선생님에게 꼭 필요한 눈을 가지지 못한 사람들이 얼마나 많은데."

"선생님에게 꼭 필요한 눈? 그게 뭐야?"

"교실에서 도움을 주어야 할 학생을 제일 먼저 찾을 수 있는 눈을 말해. 보통 학교에서는 수업을 방해하고 잡담하는 학생들이나 공부 잘하고 모범적인 학생들에게만 시선이 가기 마련이거든. 누군가의 도움이 필요한 학생을 찾아서 살피기란 쉽지 않은 일인데, 역시 우리 소카 대단한걸!"

삼촌의 칭찬에 은이는 얼굴이 빨개졌다.

"그만해. 또 놀리려는 거지?"

"놀리긴. 학생의 문제를 이야기하기보다 학생에게 필요한 도움을 먼저 생각한다. 학생 상담의 기본 중 하나야."

"학생 상담?"

"그래, 선생님이 하는 일 중에는 학생이나 부모님을 상담하는 것도 있어. 특히 학생들과 상담을 하는 건 매우 중요한 일이야. 물론 상담하자고 하면 아이들이 보통 싫어하지만, 제대로 된 학생 상담은 아이들에게 매우 중요해."

"제대로 된 상담은 어떤 상담이야?"

은이네 반에서도 담임 선생님이 "부모님하고 상담해야겠다."라거나 "오늘 남아. 선생님하고 상담 좀 하자."라고 하면 아이들이 모두 고개를 절레절레 흔들고 싫어했다. 아이들에게 상담은 일종의 벌같이 느껴지기 때문이었다.

"단지 학생들의 잘못만 이야기하는 것은 혼을 내는 거지 상담이라고 할 수 없어. 상담은 선생님이 학생에 대해 모르는 부분을 이해하려는 과정이고 학생의 현재 상황을 잘 살펴 어떤 도움이 필요한지를 판단하는 과정이어야 해. 무엇보다 선생님과 학생 서로의 마음을 이해하는 과정이어야 하지."

"서로의 마음을 이해하는 과정?"

은이는 고개를 갸웃거렸다.

"넌 혹시 너희 담임 선생님의 마음이 어떠실지 깊게 생각해 본 적이 있니?"

"아니. 그냥 화가 나셨다, 기분이 좋으시네 정도?"

"맞아, 대부분의 학생들은 선생님이 어떤 마음인지 잘 몰라. 그런데 그건 사실 학생들의 책임은 아니야. 대부분의 선생님이 자신의 솔직한 마음을 털어놓지 않는 경우가 많거든. 뭐, 많은 어른들이 그렇지만."

버스가 집 근처 정류장에 섰다. 삼촌과 은이는 버스에서 내렸다. 삼촌이 말을 이었다.

"대화의 기본은 첫째, 잘 듣는 거고 둘째, 스스로에게 솔직해지는 거야. 그런데 어른들은 아이들 앞에서 솔직하지 못한 경우가 많아. 그러다 보니 훈계는 늘어놓기 쉽지만 자기 마음의 서운함이나 힘듦 등은 이야기하지 않지. 그러니 아이들의 목소리엔 귀를 기울이지 않고 그저 야단만 치고 마는 상담이 많아지는 거야. 정말 학생들을 도울 수 있는 상담을 시작하기 위해선 서로를 이해해야 해. 그리고 서로를 이해하기 위해선 먼저 자신의 마음을 꺼내 보여야 하는 거야. 학생들과의 상담은 바로 거기서부터 시작해야 해."

"올바른 상담은 먼저 학생의 말을 잘 들어 준다. 그리고 솔직한 선생님의 마음도 알려 준다. 마지막으로 도울 수 있는 것이 무엇인지 생각한다. 맞지?"

"역시 우리 조카는 다르다니까. 훌륭한 삼촌에 훌륭한 조카가 있는 거지. 으하하!"

삼촌이 기분이 좋은 듯 웃음을 터뜨렸다.

"그런데 삼촌 나 배고파. 저녁은 맛있는 거 사 줄 거지?"

"뭐? 갑자기 저녁? 학생 상담에 대해 진지하게 이야기를 하고 있는데?"

"먼저 잘 들어 준다. 그리고 도와줄 걸 생각한다. 배고픈 조카를 위해 삼촌이 도와줄 건 뭐라고 생각해?"

"나 참. 그런 잔머리는 어디서 생기는 거니? 좋아, 첫 번째 실습 기념으로 오늘 저녁은 맛있는 걸로 한턱 쏘마!"

"와! 우리 삼촌 최고!"

은이가 엄지손가락을 치켜세웠다.

친구들의 고민을 상담해 봐요

학생을 상담하는 일은 선생님의 중요한 일 중 하나이고 매우 어려운 일이기도 합니다. 다른 사람의 말을 잘 들어 주고 이해하기란 쉬운 일이 아니기 때문입니다. 학생들의 고민을 잘 상담해 주는 선생님이 되고 싶다면 먼저 친구들의 고민을 들어 주는 것부터 시작하면 어떨까요? 다음의 방법을 잘 읽어 보고 친구들의 고민을 상담하다 보면 선생님이 되어서도 꼭 맞는 상담을 할 수 있을 거예요.

◆ **상담할 때 주의할 점**

1. 먼저 잘 들어 주어야 합니다. 그러기 위해 이야기를 들을 땐 친구의 눈을 바라보아야 합니다. 가끔씩 고개를 끄덕이며 잘 듣고 있다는 것을 알려 주어야 합니다.

2. 이야기를 들어 주면서 친구의 감정이 어땠을지 생각해 봅니다. 친구의 감정이 느껴지면 "나라도 그러면 슬펐을 거야.", "정말 힘들었겠네." 등 친구를 이해하는 표현을 하면 좋습니다.

3. 친구의 이야기를 평가하지 않습니다. "그건 네가 잘못 생각한 거야.", "그런 생각은 잘못된 것 같은데?"처럼 친구의 말을 평가하는 것은 상담을 중단하게 만듭니다. 친구는 자신의 감정을 이해해 주기를 바라는 것이지, 여러분에게 옳고 그름을 판단해 달라는 것이 아닙니다. 그럴 때 평가를 하기보다 그저 들어 주는 것이 더 좋습니다.

4. 만약 친구들이 문제 해결 방법을 물어보면 바로 내 생각을 말하기보다 "너는 어떻게 했으면 좋겠어?"라고 물어보는 게 더 좋습니다. 꼭 정답을 말해 주지 못하더라도 "함께 더 생각해 보자."라고 말해 주는 것이 친구에게 위안이 됩니다.

5. 친구에게 들은 이야기를 다른 사람에게 전달해서는 안 됩니다. 친구가 상담을 요청하는 것은 자신의 이야기를 들어 주기를 바라는 것이지 다른 사람에게 전달하라고 말하는 것은 아니기 때문입니다.

6. 친구의 이야기가 여러분이 감당하기 어려운 이야기라면 혼자 해결하려 하지 말고 선생님이나 어른들에게 도움을 청하는 게 좋습니다.

6

도전!
오늘은 내가 선생님

수업 준비는 어떻게 할까?

"정말 내가 수업을 하는 거야?"

은이는 걱정 가득한 눈으로 삼촌을 바라보았다.

"이왕 교생 실습을 하기로 했는데 수업도 해 봐야지. 안 그래, 은이 선생님?"

삼촌이 빙글빙글 웃으며 말했다. 평소 같았으면 손톱을 세웠을 은이였지만 지금은 전혀 그럴 마음이 안 들었다. 그 마음을 눈치챘는지 삼촌이 어깨를 토닥이며 말했다.

"너무 걱정하지 마. 네가 내일 할 수업은 수학 단원 중에서도 가장 어렵지 않은 부분이야."

삼촌 말대로 내일 은이가 할 수업은 수학 단원 중에서도 가장 쉬운 단원이고, 이미 은이도 잘 알고 있는 내용이었다. 하지만 아는 것과 가르치는 것은 전혀 다른 문제였다.

"수업 종이 울리면 아이들에게 무엇을 먼저 이야기해야 할지 잘 모르겠어. 어떻게 이야기하면 아이들이 수업 내용을 잘 이해할지도 걱정이고 말이야."

은이가 한숨을 쉬었다.

"수업 준비를 하나하나 해 보면 어렵지 않으니 너무 걱정하지 마. 일단 어떤 내용을 가르쳐야 할지를 살펴보는 게 중요해. 교과서는 읽어 봤지?"

"응, 벌써 세 번은 더 읽었어. 나와 있는 수학 문제도 다 풀어 봤고. 그런데 정확히 어떤 걸 알려 줘야 하는지 잘 모르겠어."

"그렇구나. 삼촌은 6학년만 10년째 하고 있어서 교과서를 보지 않아도 무엇을 가르쳐야 할지 달달 외울 지경이지만, 처음 보는 네 입장에서는 어떤 게 중요한 내용인지 잘 모를 수도 있겠다. 그럴 때 교사용 지도서를 보는 게 도움이 될 거야. 선생님들도 수업을 준비할 때 이 책을 자주 봐."

삼촌이 은이에게 두꺼운 책을 보여 주었다. 책 표지에는 《수학과 교사용 지도서》라고 적혀 있었다. 은이가 살펴보니 책에는 교과서 내용뿐만 아니라, 가르쳐야 할 내용, 가르치는 순서, 어떻게 질문

해야 할지 나와 있었고 가르칠 때 중요하게 생각해야 할 점들과 주의할 점들까지 적혀 있었다.

"와, 이런 책이 있는지 몰랐어. 좀 어렵지만 자세하게 내용이 나와 있네!"

은이는 눈을 초롱초롱 빛내며 수학 지도서를 열심히 읽었다.

"그렇다고 이 책에만 기대서 수업 준비를 해서는 안 돼. 지도서는 선생님이 수업할 때 도움을 주는 책이지 이대로 가르치라는 건 아니거든. 완벽하고 실수 없는 똑같은 수업보다 실수가 있어도 은이 너의 생각이 담긴 수업을 하는 게 좋아."

"내 생각이 담긴 수업?"

"그래, 수업은 교과서에 있는 내용을 학생에게 그대로 전달하는 과정이 아니라 네가 생각한 수업 내용을 학생들과 함께 나누는 거야. 그런데 수업에 대한 '내 생각'이 없으면 어떨까? 학생들하고 할 이야기가 없겠지? 예를 들어 보자. 네가 1 더하기 1은 2라는 걸 가르친다면 시간이 얼마나 걸릴까?"

삼촌의 말에 은이는 고개를 갸웃거리며 대답했다.

"음, 내가 보기엔 1분도 안 걸릴 거 같은데. 다 알고 있잖아."

"그래. 네 말대로 1 더하기 1은 누구나 답을 아는 거니까. 하지만 선생님이 이 수업을 어떻게 보느냐에 따라 수업의 내용은 완전히 달라질 거야. 학생들에게 답이 2라는 걸 알려 주는 게 중요하다고 생각하는 선생님은 1분도 안 걸리겠지. 하지만 1 더하기 1의 합을 구하는 과정부터 이해시키는 것이 중요하다고 생각하는 선생님은 전혀 다른 수업을 하고 더 많은 시간을 쓸 거야. 그리고 준비해야 할 자료도 달라질 거야. 교과서만 가지고 수업을 한다면 특별한 자료가 필요 없지만, 선생님의 생각을 담으려면 사용할 자료들도 수업 내용에 따라 달라지겠지?"

은이는 지금까지 선생님이 어떤 생각으로 수업을 준비하는지 생각해 본 적이 없었다. 선생님은 단지 모르는 걸 알려 주는 사람이라고만 생각했기 때문이었다.

"그래서 수업을 준비할 땐, 먼저 어떤 내용을 가르쳐야 하는지 살펴보고, 두 번째로 너의 눈으로 수업의 중요한 부분과 고민해야 할 부분들을 다시 확인해서 수업을 준비해야 해. 그걸 어려운 말로 '수업의 재구성'이라고 한단다."

"수업의 재구성? 지금까지 난 그냥 교과서 내용을 그대로 가르치면 되는 줄 알았어."

"선생님들이 교과서 내용을 그대로 가르치기도 하지만 어떨 땐 교과서에 없는 여러 가지 자료를 이용하거나 좀 더 깊이 있는 수업을 하는 경우도 있어. 너희 담임 선생님도 아마 그러실걸?"

생각해 보니 은이 담임 선생님도 교과서에 나와 있지 않은 역할 놀이나 보드게임 등으로 수업을 한 적이 있었다.

"그럼 수업을 재구성할 땐 어떤 것을 생각해야 해?"

"먼저, 수업을 통해 선생님이 학생들에게 무엇을 이야기하고 싶은지 생각해야겠지. 그리고 수업을 할 교실 환경은 어떤지, 내가 가르쳐야 할 학생들은 몇 명이고 어떤 특징을 가지고 있는지, 수업을 진행하면 학생들이 어떤 부분을 궁금해할지, 더 효과적인 수업을 하려면 어떤 준비물이 필요할지 등도 꼼꼼히 살펴야 해."

"후유, 수업을 준비한다는 건 생각할수록 정말 어려운 일인 것 같아."

"하하, 너무 걱정하지 마. 너는 지금 초등학생 선생님이잖니. 일단 공부할 내용이 무엇인지 살펴보고, 초등학생의 눈으로 네 또래들이 더 쉽게 이해하려면 어떻게 할지를 고민하는 것부터 시작하면 돼."

"내 또래들이 더 쉽게 이해할 방법을 고민하라…… 알았어. 어렵지만 해 볼게!"

은이가 주먹을 불끈 쥐었다.

수업, 정답을 찾아가는 과정

"오은 선생님, 첫 수업 준비는 잘 하셨겠죠?"

삼촌이 등굣길부터 빙글빙글 웃으며 물었지만 은이는 잔뜩 긴장하고 있어서 삼촌의 놀리는 말이 귀에 들어오지 않았다. 은이는 어젯밤에 열심히 수업을 준비했다. 그동안 옆에서 빈둥빈둥 놀고 있던 삼촌을 닦달하여 교과서에는 없는 은이만의 수업 준비물도 만들었다. 하지만 아침이 되자, 준비한 모든 것에 자신이 없어졌다. 수학 시간, 단 한 시간만 하는 수업이지만 은이에게 가장 어렵고

긴 한 시간이 될 것 같았다.

"삼촌, 내가 잘할 수 있을까? 애들이 내 얘기는 하나도 안 듣고 있으면 어떡해? 어젯밤에 계속 악몽만 꿨단 말이야."

"걱정하지 마. 내가 보기엔 아이들이 나보다 은이 너에게 더 집중해서 수업을 들을 것 같은데?"

"그것뿐만이 아니야. 애들이 나도 모르는 어려운 걸 물어보면 어떡해. 그리고 대답 못 했다고 선생님이 그런 것도 모르냐고 따지면 뭐라고 해?"

은이의 얼굴이 점점 울상이 되어 갔다.

"모르는 건 모른다고 하면 되지. 선생님은 학생들에게 정답을 알려 주는 사람이 아니야. 정답은 답지를 보면 다 나오잖아."

은이의 눈이 동그래졌다. 은이는 지금껏 선생님의 역할은 모르는 걸 알려 주는 것이라고 생각했다.

"그럼 선생님은 수업 시간에 무엇을 해야 하는 건데?"

"수업 시간은 답을 알려 주는 시간이 아니야. 학생들이 스스로 답을 찾아가는 시간이지. 그런데 선생님이 모든 답을 알려 주면 학생들이 답을 찾을 수 없겠지? 선생님은 학생들이 답을 잘 찾아갈 수 있도록 정보를 주고, 잘못된 길로 가도 다시 바로잡을 수 있다는 걸 알려 주고, 정답으로 가는 길이 다양하다는 것도 보여 주는 사람이야. 그리고 찾아가는 동안 지치지 않도록 북돋아 주는 사람이기도 하고 말이야. 그러니까 수업 시간에 모르는 게 나

오면 그냥 모른다고 해도 돼. 그리고 학생들과 함께 답을 찾아봐. 답 자체보다 답을 찾아가는 과정이 더 중요하다는 걸 잊으면 안 돼. 물론 너무 모르는 게 많으면 좀 곤란하겠지? 은이 너 설마 수업 준비를 아예 안 한 건 아니지?"

"무슨 소리야! 내가 얼마나 열심히 준비했는데!"

은이는 삼촌을 흘겨보았다.

"그래? 삼촌이 엄청 기대해도 되겠는걸?"

"자꾸 부담 주지 말라니까. 그래도 삼촌 말을 들으니 마음이 좀 편해졌어. 나도 잘 모르는 건 아이들과 같이 답을 찾으려고 노력해 볼게. 잘해 볼 거야."

은이가 주먹을 꼭 쥐며 말했다. 삼촌도 미소를 지었다.

"참, 수업 준비도 중요하지만 수업 중에 학생들과의 관계에서 일어나는 여러 가지 상황들도 잘 대처를 해야 해. 우리 은이가 그건 어떻게 헤쳐 나갈까? 그것도 재밌는 구경이 되겠어."

"흥, 그건 유튜브를 통해 열심히 공부해서 자신 있어! 학생들과의 문제를 해결하는 만능 대화법!"

은이가 자신만만하게 말했다.

"만능 대화법? 그런 게 있어?"

"삼촌도 모르는구나! 아주 간단해. 일명 '아, 그렇구나!' 대화법이야. 만약 아이들이 막 떠들면 화내지 말고 잘 들어 주는 태도로 이렇게 말하는 거지. '아, 네가 지금 이야기를 하고 싶은 거구나.'라고 말이야. 그리고 부드럽게 부탁하듯이 하고 싶은 말을 하는 거래. '부탁할게. 조용히 해 주겠니?'라고 말이야. 어때, 쉽지?"

"학생들과 어떤 문제가 생기든 해결할 수 있는 만능 대화법이라……. 이거 흥미진진해지는데?"

삼촌이 팔짱을 끼고 말했다.

"그치? 삼촌도 이 대화법의 효과를 보면 깜짝 놀랄걸? 두고 봐. 내가 멋지게 해낼 거야."

은이가 신이 나서 말했다. 버스는 어느덧 삼촌네 학교 앞에 도착했다.

완벽한 선생님은 없어

"수, 수학책 62쪽을 펴, 펴세요."

은이가 떠듬거리며 수업의 첫마디 말을 시작했다. 처음 몇 분은 얼굴에 식은땀이 흐르고 지금 자신이 무슨 말을 하고 있는지도 생각나지 않을 정도로 정신이 없었다. 그래도 시간이 지나자 차차 마음이 안정되고 준비한 이야기도 술술 흘러나왔다. 다행히 삼촌네 반 학생들도 같은 또래의 선생님에 대한 호기심 반 응원 반으로 은이를 알게 모르게 도와주고 있었다.

그러다 보니 은이는 수업을 하면서 학생들에게 무언가 가르쳐 주는 것이 아니라 학생들과 은이가 함께 수업을 만들고 있는 것 같다는 생각이 들었다. 이런 게 삼촌이 말한 답을 찾아가는 과정인지는 모르겠지만 은이는 이 느낌이 싫지 않았다. 이제 10분 정도만 지나면 수업이 끝난다. 은이는 시계를 흘낏 보고 안도감이 들었다.

"이번에는 두 가지 모양을 이용해서 2층을 만들어 볼 거예요. 먼저……."

그때였다. 학생들 중 맨 뒷자리에 있던 까까머리 남자아이가 벌떡 일어났다. 그 바람에 앞에 있던 책상이 넘어가 버렸다. 동시에 매우 큰 소리가 났다. 순간 정적이 흐르고 다른 학생들 모두 그 남자아이를 바라보았다. 잠시 후 남자아이가 교실이 떠나가도록 욕설을 내뱉기 시작했다.

예상하지 못한 갑작스러운 상황……. 은이는 너무 놀라 아무 말도 할 수 없었다. 삼촌에게 자랑스럽게 말했던 '아, 그렇구나!' 대화법은 머릿속에서 단 한마디도 떠오르지 않았다. 오직 '이 모든 일이 자격도 없는 내가 선생님이라며 서 있기 때문인가?'라는 생각만 들었다. 그때 삼촌이 일어났다. 삼촌은 아이들을 보며 차분한 목소리로 말했다.

"모두 별일 아니니까 진정해. 수업 아직 안 끝났으니까, 모두 앞에 있는 선생님 수업에 집중해 보자."

삼촌은 이렇게 말한 뒤 얼굴이 빨개진 채 씩씩대고 있는 아이에게 다가갔다.

"준석이는 화가 다 가라앉을 때까지 서 있어도 돼. 마음이 가라앉으면 자리에 앉고, 알겠지?"

그러자 신기한 일이 벌어졌다. 당장이라도 뛰쳐나갈 것 같았던 준석이가 순식간에 얌전해졌다. 삼촌은 아직도 멍하니 그 상황을 쳐다보고 있던 은이에게 시선을 돌리고 '안심해.'라는 눈빛을 보내며 고개를 끄덕였다. 그제야 은이도 정신을 차리고 간신히 수업을 다시 시작할 수 있었다.

분명 방금 교실에서 엄청나게 큰일이 일어난 게 분명한데 아이들은 곧바로 수업에 집중했고, 화를 내며 서 있던 준석이도 몇 분이 지난 뒤에 스스로 책상을 일으켜 세우고 자리에 앉았다. 그동안 삼촌은 아무 일 없다는 듯이 그 모든 걸 지켜볼 뿐이었다.

"이, 이것으로 오늘 수학 수업을 마치도록 하겠습니다."

마지막 말을 하고 은이는 크게 한숨을 쉬었다. 동시에 학생들의 박수 소리가 쏟아졌다. 그제야 은이는 다리에 힘이 풀려 의자에 주저앉았다. 힘들고 정신없는 수업이었지만 무언가 해냈다는 기분이 들었다.

쉬는 시간이 되자마자 삼촌은 준석이를 따로 불러서 이야기를 나누었다. 수업 시간에 고함을 지르며 책상을 넘어뜨릴 때와는 달리 의외로 삼촌과 이야기를 할 때의 준석이는 다른 아이처럼 고분고분해 보였다.

'내가 진짜 담임 선생님이었으면 준석이란 아이를 어떻게 대했을까?'

은이는 상상해 보았다. 어쩌면 아무 말도 못 하고 그 자리에서 엉엉 울어 버렸을지도 모른다. 아니면 자신이 당황한 만큼 준석이와 아이들에게 크게 화를 냈을 수도 있다. 그런데 삼촌은 별다른 동요도 없이 일을 처리했고 더는 큰 문제도 생기지 않았다. 삼촌의 모습을 보니 은이는 항상 못 미덥던 삼촌이 진짜 선생님처럼 보였다.

"고생했다."

아이들이 모두 수업을 마치고 집으로 돌아간 뒤에 삼촌은 은이에게 따뜻한 코코아 한 잔을 따라 주었다.

"후유, 삼촌……. 내가 정말 좋은 선생님이 될 수 있을까? 오늘 같은 일이 생기면 나는 삼촌처럼 못 할 것 같아."

"삼촌도 처음 선생님이 되었을 때, 아이들을 보면서 은이하고 똑같은 고민을 했었어. 상상하던 아이들과 학교에서 본 아이들이 너무나도 달랐지. 그러니 만능 대화법 같은 걸 머릿속에 가득 채우고 갔어도 아이들의 다양한 행동들을 보고 어떻게 해야 할지 아무 생각도 안 났어. 급기야 '내가 실력도 없고 무능한 선생님이 아닌가?' 하는 생각마저 들었어. 아무것도 못 하는 나를 인정하기 싫었지.

그런데 아이들을 만나 가면서 시간이 지나자, 점차 나 자신을 있는 그대로 인정해야 한다는 걸 알게 되었어. 그때부터 아주 조금씩 성장하고 있는 자신에 대해 조급해하지 않게 된 거지. 내가 완벽한 선생님이 아니라는 걸 알고, 모든 선생님은 완벽하지 않다는 걸 인정하게 되니, 아이들도 완벽하지 않다는 당연한 사실도 받아들이게 됐어. 그러자 나에게 여유가 생겼고 아이들 하나하나를 바라볼 힘도 생겼어.

오늘 은이도 내가 처음 교실에 있었을 때와 같은 심정이었을 거야. 은이는 준석이의 행동을 보고 가장 먼저 어떤 생각이 들었어?"

"음, 처음엔 무척 당황스러웠고 다음엔 '내가 뭔가 잘못했나? 같은 또래라고 나를 너무 함부로 대하는 건 아닌가?' 하는 생각이 들었어."

은이는 솔직한 느낌을 삼촌에게 이야기했다.

"보통 처음 선생님이 된 사람들이 오늘 같은 일을 겪게 되면 은이와 같은 생각을 할 수밖에 없어. 그래서 아이들 앞에서 몹시 위축되어 버리거나 아니면 아이들이 자신을 무시하지 못하도록 해야겠다는 생각에 크게 화를 내는 경우가 많지.

그런데 이 두 가지 모두 선생님이 자기 자신만을 보고 있을 때 생기는 일이야. 생각해 봐. 수업할 때, 은이 너도 준석이나 다른 아이들의 상황을 살필 여유가 없었지?"

은이가 고개를 끄덕였다.

"만약 교실에서 일어나는 돌발적인 사건에 놀라지 않고 교실의 아이들을 살필 여유가 있었다면 은이 너뿐만 아니라 준석이나 다른 아이들 모두 눈앞의 사건에 무척 당황하고 있다는 걸 눈치챌 수 있었을 거야."

은이의 눈이 커졌다.

"준석이도 당황하고 있었다고? 그건 몰랐어! 삼촌은 그걸 어떻게 알았어?"

"은이 네가 좀 더 여유가 있어서 준석이의 욕설과 행동이 아니라 준석이의 눈을 보았다면 쉽게 알아차렸을 거야."

은이는 삼촌의 이야기를 듣고 그 상황을 곰곰이 생각해 보았다. 만약 그때 '지금 준석이는 왜 이런 행동을 하는 걸까? 준석이는 어떤 마음일까?' 하고 먼저 생각할 여유가 있었다면 더 좋았겠다는 생각이 들었다.

"자, 교실에 있는 모두가 어떻게 해야 할지 몰라 당황하고 있다면 선생님은 뭘 해야 할까? 우선 모두의 마음을 가라앉힐 시간이 필요하겠지? 그래서 삼촌은 가장 먼저 반 아이들에게 별일 아니라고 안심시켰던 거야.

만약 내가 흥분해서 화를 냈다면 아이들의 마음은 진정되지 못했겠지. 준석이에게 화를 내거나 야단치지 않고 먼저 마음을 가라앉힐 시간을 준 것도 같은 이유에서였어."

은이는 그제야 삼촌의 행동이 이해가 되었다.

"어떤 선생님들은 스스로 완벽한 학생 지도 방법이나 수업 방법을 알고 있다고 믿기도 해. 그래서 그 완벽한 방법에 아이들을 맞추려고 하지. 예를 들어, 종을 한 번 치면 머리에 손을 올리고 종을 두 번 치면 선생님을 보게 하는 것처럼 말이야.

그런데 이렇게 선생님이 원하는 방법대로 아이들을 훈련시키면 그 아이들에 대해 제대로 알 수 있을까? 교실 안에 스물네 명의 아이들이 있다는 말은 교실 안에 스물네 가지 서로 다른 생각과 모습이 살아 숨 쉰다는 말이야. 이 다양한 아이들 모두에게 통하는 하나의 완벽한 해결법이 존재할까?"

은이가 고개를 가로저었다.

"삼촌은 선생님에게 가장 중요한 건 만능 대화법이나 뛰어난 학습 방법을 배우는 게 아니라고 생각해. 오히려 다양한 모습의 아이들에 대해 조금씩 알아 가겠다는 태도가 필요하지. 그래서 삼촌은 은이가 선생님이 되었을 때, '선생님이나 학생이나 모두 완벽하지 않은 존재이다. 그리고 아이들은 모두 다 다르다.'라는 생각을 잊지 말았으면 해. 선생님도 학생도 모두 완벽하지 않은 존재니까 실수도 할 수 있고 실수를 고쳐 나갈 수도 있는 거지.

은이가 선생님과 학생이란 작은 실수를 반복하지만 서로를 이해하고 존중하며 성장해 가는 사람들이라는 걸 믿는다면, 그리고 모든 아이들이 다 다르고 그만큼 아이들을 다르게 대해야 한다고 믿는다면, 앞으로 선생님이 되어서 겪을 여러 가지 어려움을 해결해 나가는 힘을 갖게 되지 않을까?"

은이는 한동안 말없이 삼촌을 바라보다 따뜻한 코코아를 꿀꺽 삼켰다. 코코아가 조금씩 몸을 따스하게 데워 주고 있었다. 그리고

'선생님이란 직업이 결코 쉽지 않은 일이지만 해 보고 싶은 일'이기도 하다는 생각, 그 작은 희망도 은이의 마음에 따스하게 자리 잡기 시작했다.

나만의 수업 계획을 짜 보세요

선생님이 되는 것이 꿈이라면 한 번쯤 학생들 앞에서 수업하는 자신의 모습을 상상해 보았을 것입니다. 여러분은 어떤 말로 수업을 시작할 것 같나요? 교과서를 펴라는 말로 시작할까요? 아니면 노래를 부르며 시작할까요? 여러분이 선생님이 되어서 수업을 한다면 어떻게 수업을 준비할 생각인가요? 꼭 해 보고 싶은 수업의 형식이나 내용이 있나요? 선생님이 된 자신의 모습을 상상하며 수업 계획을 써 보세요.

1. 여러분이 학교에서 배운 내용 중 하나를 골라 한 시간 수업 계획을 짜 봅시다. 어떤 과목과 단원을 가르칠까요?

   _____
   _____

2. 학생들에게 알려 주어야 할 수업 내용은 무엇인가요?

   _____
   _____

3. 교과서 내용에서 학생들이 더 재밌게 배울 수 있도록 바꾼 내용은 무엇인가요?
_____
_____

4. 학생들에게 어떤 질문을 하면 좋을까요? 학생들의 대답도 예상해 보세요.
_____
_____

5. 학생들은 어떤 것을 궁금해할까요?
_____
_____

6. 어떤 준비물이 필요할까요?
_____
_____

7. 어떤 목소리와 말투로 수업을 하면 좋을까요?
_____
_____

7

이 세상
모든 선생님

모두 다 선생님? 초등학교에는 어떤 직업들이 숨어 있을까?

"이제 나도 초등학교 선생님이란 직업에 대해 조금은 알게 된 거 같아."

은이가 교실 문을 나서며 말했다.

"그래서 선생님이 되고 싶다는 생각은 여전히 변함없는 거야?"

"당연하지. 분명 힘든 직업이지만 보람 있는 직업이기도 한 거 같아. 앞으로 열심히 공부해서 꼭 초등학교 선생님이 될 거야."

은이가 눈빛을 빛냈다. 그때였다.

"이 학생, 말을 참 똑 부러지게 하네요."

푸근한 인상의 여자 선생님이 삼촌과 인사를 했다.

"안녕하세요, 제 조카예요. 은이야 인사드려. 우리 학교 자료실 선생님이셔."

"안녕하세요!"

은이가 웃으며 인사를 했다.

"안녕, 삼촌처럼 좋은 선생님이 되고 싶다고 했다며? 공부 열심히 하렴. 참 선생님, 내일 1교시 과학 실습 자료는 이미 과학실에 준비해 두었어요."

"네, 감사합니다!"

삼촌이 미소를 지었다. 은이가 멀어지는 자료실 선생님의 뒷모습을 보며 물었다.

"근데 삼촌, 자료실 선생님도 삼촌 같은 선생님이야?"

"네 생각엔 어떤 것 같아?"

"음, 학생들은 다 선생님으로 부르지만 딱히 수업을 하시지는 않고 그렇다고 학생들을 만나지 않는 것도 아니고. 잘 모르겠어."

은이가 고개를 갸웃거렸다.

"학교에는 학생들을 위해 여러 가지로 일을 하시는 분들이 있어. 수업을 하는 담임 선생님이나 교과 선생님 같은 분들도 있지만, 보건 선생님, 영양사 선생님도 있고 아까 은이가 만났던 자료실 선생님도 있지. 도서관에서 일하시는 사서 선생님도 있어. 학교 컴퓨터를 관리하는 전산실 선생님도 있고, 학교의 예산이나 학교 시설을

관리하는 행정실 선생님들도 있지. 이분들 중에는 교사 자격증을 가진 분들도 있지만 그렇지 않은 분들도 있어. 하지만 삼촌은 이 모든 분을 선생님이라고 생각해. 삼촌은 자격증이 있다는 게 선생님이 될 자격이라고 생각하지 않거든."

"그럼 어떤 게 자격인데?"

"삼촌은 학교에서 학생들을 만나는 일을 하고 학생들을 위해 노력하는 모든 분은 선생님이 될 자격이 있다고 생각해. 예를 들어, 우리 학교 보안관 선생님들은 언제나 아이들에게 밝게 인사하고 아이들이 어려움에 처하면 먼저 달려가시지. 그리고 쉬는 시간이나 점심시간에 아이들과 즐겁게 놀아 주시기까지 해. 이런 분들을 선생님이라고 부르지 않으면 누굴 선생님이라고 불러야 할까?

반면 자격증이 있어도 아이들을 이해하려고 하지 않고 아이들을 위해 노력하는 모습도 보이지 않는 선생님이라면 선생님이라고 불릴 자격이 있을까? 자격증도 없고 정규직이 아니어도 언제나 학생들을 생각하고 학생들을 이해하려고 열심히 노력하는 분이라면 그분이 누구든 선생님으로서 자격이 충분하지 않을까?"

"나도 그렇게 생각해. 나는 우리 학교 자료실 선생님이 정말 좋아. 언제나 내가 찾아가면 반갑게 이름도 불러 주시고 맛있는 사탕도 주시거든."

은이가 찡긋 웃어 보였다.

"삼촌은 은이가 열심히 공부해서 교육대학교를 졸업하고 임용고시에 합격해 학교 선생님이 되는 것도 좋지만, 초등학교 안에서 열심히 일하며 아이들을 만나고 돕는 어떤 선생님이 되어도 좋다고 생각해. 은이의 꿈이 단지 선생님 자격증을 따는 게 아니라, 아이들과 만나고 함께 배우는 일을 하고 싶은 것이라면 말이야."

은이는 삼촌의 말에 잠시 고민에 잠겼다. 지금까지 은이는 학교 선생님을 삼촌처럼 특별한 대학교를 졸업하고 임용고시를 본 사람으로만 생각했다. 그런데 학교에 다양한 분들이 학생들을 위해 일하고 있다고 생각하니, 선생님이란 직업을 좀 더 폭넓게 생각할 수 있을 것 같았다.

"다 썼다!"

집에 돌아온 은이가 컴퓨터로 장래의 꿈 조사 발표의 마지막 문장을 끝내고 나서 크게 기지개를 켰다.

"발표일이 내일이라고 했지? 준비는 잘 됐어?"

삼촌의 물음에 은이는 고개를 끄덕였다.

"당연하지. 아마 우리 반에서 나처럼 열심히 준비한 사람은 없을 거야."

"다 훌륭한 삼촌을 둔 덕분이지."

삼촌이 으스대며 말했다.

"삼촌 덕분인 건 인정. 그래서 발표 마지막 문장에 나중에 선생님이 되면 삼촌과 같은 학교에서 일하고 싶다고 썼어. 어때? 진짜 그렇게 되면 재밌겠지?"

은이의 말에 삼촌이 미소를 지으며 말했다.

"글쎄, 은이가 선생님이 될 즈음엔 삼촌은 학교에 없을 텐데? 삼촌의 요새 꿈은 학교를 그만두는 것이거든."

은이는 갑작스러운 삼촌의 말에 깜짝 놀라 한동안 멍하니 삼촌만 바라보았다.

"그, 그게 무슨 말이야? 오랫동안 학교에서 학생들과 함께하는 게 삼촌 꿈 아니었어?"

은이는 삼촌의 말이 도무지 이해되지 않았다. 학교에서 본 삼촌의 모습은 학교를 그만두는 걸 꿈꾸는 사람으로는 전혀 보이지 않았다. 학생들과 함께 밴드 연습을 하고 수업을 하는 모습이 행복해 보였기 때문이었다.

"삼촌의 꿈은 아이들과 함께하는 거지. 그건 지금도 변하지 않았어. 하지만 아이들과 만나는 장소가 꼭 학교여야 한다고 생각하진 않아."

"그게 무슨 말이야?"

은이는 고개를 갸웃거렸다.

"이 이야기를 하려면 먼저 삼촌이 처음 선생님이 되고자 했던 고등학교 때부터 이야기를 시작해야 해."

은이는 얼른 자세를 고쳐 앉고 삼촌을 바라보았다. 삼촌이 천천히 입을 열고 이야기를 시작했다.

학교라는 울타리를 뛰어넘어

"삼촌이 초등학교 선생님이 되고 싶었던 건 고등학생 때부터였어. 전에도 이야기했지만 딱히 이유가 있었던 것이 아니라, 어느 날 문득 '나는 초등학교 선생님이 되어야겠다.'라는 생각이 들었어. 마치 그것이 나에게 내려진 명령같이 느껴졌지. 그 이후 초등학교 선생님이 되는 건 삼촌의 가장 큰 목표가 되었어. 그때부터 고등학교 시절 내내 그 꿈은 한 번도 바뀌지 않았단다.

삼촌은 고등학교 3년 동안 언제나 선생님이 된 내 모습을 꿈꿨어. 등굣길에 버스를 타면 항상 초등학교 교실에서 학생들을 맞이하는 내 모습을 그려 보았지. 학교에서 아이들을 만나면 어떻게 인사하면 좋을까? 어떤 수업을 하면 재밌을까? 어떤 말을 해 주면 좋을까? 이 모든 걸 상상하고 행복해했지.

　대학 입시 준비로 힘이 들 때도 학생들과 함께하는 내 모습을 생각하며 힘을 냈어. 고3 때는 담임 선생님도, 부모님도 내가 초등학교 선생님이 되는 걸 반대했지만 나는 굽히지 않았어. 그리고 그토록 원했던 교육대학교에 입학하게 되었단다.

그런데 교육대학교는 내가 원하는 모습이 아니었어. 선생님이 되기 위한 임용고시 때문에 마치 입시 학원처럼 보였거든. 3학년이 되자 다들 시험을 준비하느라 합격을 위한 공부만 하는 거야. 좋은 선생님이 되기 위한 노력은 뒷전인 모습에 삼촌은 너무 슬펐어. 학교에서는 선생님이 되기 위한 지식과 기술을 가르쳤지만 좋은 선생님이 되려면 어떤 고민을 해야 하는지는 알려 주지 않았어. 그래서 삼촌은 방황을 많이 했지. 그래서 잠시 학교를 쉬어 보기도 하고 다른 일을 하기도 했단다. 그러다 보니, 남들이 4년 다니는 대학을 7년 동안 졸업하지 못했어. 그때 삼촌은 선생님이 되는 걸 포기하려고까지 했단다.

그러던 어느 날, 졸업을 앞두고 마지막 교생 실습을 다녀오게 되었어. 그때 우연히 점심시간에 운동장으로 달려 나오는 아이들을 보게 되었어. 아이들의 얼굴엔 웃음이 가득했지. 신나게 웃고 있는 아이들의 모습을 보고 있자니, 예전 고등학생 때 느꼈던 그 마음이 다시 벅차오르기 시작했단다. '선생님이 되어서 이 아이들을 만나고 싶다!'라는 생각이 간절해진 거야. 그래서 그때부터 임용고시 시험을 준비하게 되었어.

은이에게 말했던 것처럼 단순히 외우는 게 중요한 임용고시 시험이었기에 삼촌은 쉽게 합격할 수 있었고 그게 매우 부끄러웠어.

그래서 꼭 좋은 선생님이 되겠다고 다짐을 했지.

그렇게 학교에서 아이들을 만나며 초등학교 선생님으로 오랜 시간 있으면서, 삼촌은 매우 훌륭한 선생님들이 많이 계시다는 것을 느꼈어. 그분들 덕분에 많은 것을 배웠고 좋은 선생님이란 어떤 선생님인지 조금씩 알아 갔단다. 그리고 또 학교에는 선생님 자격증이 없어도 훨씬 더 아이들을 생각하고 교육에 대한 열정을 가진 선생님들이 많이 계시다는 것도 알게 되었어.

그리고 그때부터 삼촌의 고민이 시작되었단다. '나는 왜 선생님이 되려고 했던 걸까?'라고 다시 생각한 거지. 그리고 내가 선생님이 되려고 한 건 교육대학교를 졸업하기 위해서도, 선생님 자격증을 따기 위해서도, 초등학교에 근무하기 위해서도 아니고 아이들을 만나고 함께 배우는 것을 좋아하기 때문이라는 걸 깨달은 거야. 그때 이런 생각이 들었단다. '아이들을 만나고 함께 배우는 것이 꼭 학교라는 울타리 안에서만 가능한 걸까?'라고 말이야.

학교는 선생님과 학생이라는 위치에서 가르치고 배우는 것이 너무도 분명한 곳이야. 그러다 보니 모두 똑같은 걸 가르치고 배워야 하지. 하지만 요즘은 학교 바깥에서도 아이들은 배우고 성장해 가고 있어. 인터넷으로 스스로 배우기도 하고 아이들끼리 서로 정보를 주고받으면서도 배우고 있지. 물론 여전히 학교가 필요하겠지만, 좀 더 다양하고 넓은 곳에서 아이들을 만나는 것이 더 재미있지 않을까? 이런 생각을 하자 재미있는 생각들이 꼬리를 물었지. '만약 내가 선생님이란 이름을 내려놓고 학교를 벗어나서 아이들을 만나면 어떨까?' 그리고 또 이런 생각도 했어. '누군가는 학교라는 울타리를 넘어 새로운 교육이 가능한 공간을 만들고 준비해야 하지 않을까?', '그런 곳에서 선생님과 아이들이 서로에게 많은 것을 배울 수 있다면 내가 더 행복해지지 않을까?'라고 말이야.

그때부터 삼촌은 새로운 꿈을 꾸기 시작했단다. 학교를 넘어서 아이들과 함께 만나는 곳, 서로 배우고 가르칠 수 있는 곳, 함께 성장하며 행복할 수 있는 곳을 만들고 싶다는 꿈 말이야.

　이렇게 꿈을 꾸기 시작하자 삼촌은 예전에 고등학생 때처럼 다시 새로운 내 모습을 상상하게 되었단다. 아직은 머릿속으로 상상할 뿐이지만…….

　그래도 시간이 흘러 은이가 학교에서 멋진 선생님으로 아이들을 만나고 있을 즈음엔, 학교 밖에서 다른 모습으로 아이들과 함께하고 있는 삼촌과 은이가 만나게 되지 않을까? 학교 안에서 그리고 학교 밖에서 함께 교육을 생각하는 두 사람이 서로 주고받을 이야기는 어떨까? 상상만 해도 재미있을 것 같지 않니?"

짤막 더하기

초등학교에는 어떤 직업들이 숨어 있을까요?

행정실

행정실에서 일하는 분들은 학교의 살림살이를 책임지는 일을 합니다. 행정실 전체 일을 책임지는 분을 행정실장이라고 부르고 그 외 직원분들을 주무관이라고 말하는데, 이분들은 학교 시설을 안전하게 관리하는 일에서부터 청소나 경비, 학교 운영에 필요한 돈을 관리하는 것까지 여러 가지 일을 합니다.

급식실

급식실에서는 학생들의 점심 급식과 영양 교육을 담당합니다. 급식실 전체를 책임지는 분으로 영양 교사가 있고 학생들이 먹을 점심을 요리하고 학생들에게 나누어 주는 일을 하는 조리사분들이 있습니다.

보건실

보건실은 학생들이 다치거나 아플 때 응급 처치를 하는 일과 학생 건

강과 관련된 금연 교육, 성폭력 예방 교육 등의 일을 하는데 한 분의 보건 교사가 그 일을 담당합니다.

도서실

도서실에서는 학생들이 읽을 책을 관리하고 새 책을 사고 오래된 책을 정리하며, 학생들의 독서 습관을 기르기 위한 여러 가지 행사를 진행하기도 합니다. 보통 한 분의 사서 교사가 그 일을 담당합니다.

자료실

자료실에서는 학생들이 수업을 받을 때 필요한 자료와 준비물을 관리합니다. 과학이나 실과 등 수업에 필요한 자료를 미리 준비하고 구입하는 일도 합니다. 한 분의 자료실 선생님이 그 일을 담당합니다.

학교 보안관실

학교 보안관실에서는 학교 내에서 일어날 수 있는 학교 폭력 상황을 예방하고 학교 안에 외부 사람이 함부로 들어와서 학생들이 위험해지는 일이 일어나지 않도록 관리하는 일을 합니다. 보통 두 분 정도의 보안관 선생님들이 교대로 일을 하십니다.

닫는 글

선생님은
되는 것이 아니라
되어 가는 것

    삼촌이 이야기를 끝내고 은이를 바라보았다. 삼촌의 이야기 덕분에 삼촌이 예전에 어떤 꿈을 가지고 선생님이 되었는지 그리고 어떤 고민을 했고 지금 어떤 꿈을 꾸고 있는지도 알게 되었다.
    "삼촌, 그럼 언제 학교를 그만둘 생각이야?"
    "글쎄, 아직은 준비하는 중이라 정확하게 말하기는 어려워. 하지만 꿈을 포기하진 않을 테니 곧 이루어지겠지?"
    "그럼 그때도 삼촌은 선생님인 거야?"
    "음, 선생님이 꼭 학교에 있어야 하고 자격증을 가져야 한다고 말한다면 선생님이라고 부르면 안 되겠지. 하지만 아이들과 함께 배우고 성장하는 모든 사람을 선생님이라고 부른다면 여전히 선생님이라고 할 수 있지 않을까? 사실 삼촌은 호칭 같은 건 별로 중요하게 생각하지 않아. 아이들에게 우리 동네 괴짜 아저씨라고 불려도 재밌을 것 같은데?"

삼촌이 씩 웃었다.

"삼촌이 선생님은 '되는 게 아니라 되어 가는 것'이라고 했잖아……. 나는 새로운 곳에서 아이들하고 함께 배우려는 삼촌이 여전히 선생님이라고 생각해."

은이가 말했다.

"오, 우리 조카가 그런 말을 해 주니까 삼촌이 힘이 나는걸. 나중에 시간이 많이 지난 뒤, 은이가 학교 선생님으로서 꿈을 키우고 삼촌이 동네 선생님으로서 꿈을 키워 가는 모습을 보면서 서로 격려하고 서로 배워 나갈 수 있었으면 좋겠다."

"당연하지. 선생님은 되어 가는 거니까. 우리 둘 다 행복하고 좋은 선생님이 되기 위해 언제나 노력하는 거야. 삼촌, 알겠지?"

"알겠습니다. 멋진 은이 선생님!"

은이도 삼촌도 모두 미소를 지었다. 은이는 어느덧 미래의 자신의 모습을 떠올리고 있었다. 아이들을 만나고 함께 배우며 선생님이 되어 가는 행복한 모습을 상상하니 벌써 가슴이 두근거렸다. 그리고 이 두근거림과 설렘을 절대 잊지 않을 거라고 은이는 마음속 깊이 다짐했다.

내가 하고 싶은 일, 교사

1판 1쇄 발행일 2021년 5월 28일

지은이 이기규
그린이 홍연시

발행인 김학원
발행처 휴먼어린이
출판등록 제313-2006-000161호(2006년 7월 31일)
주소 (03991) 서울시 마포구 동교로23길 76(연남동)
전화 02-335-4422 **팩스** 02-334-3427
저자·독자 서비스 humanist@humanistbooks.com
홈페이지 www.humanistbooks.com
유튜브 youtube.com/user/humanistma **포스트** post.naver.com/hmcv
페이스북 facebook.com/hmcv2001 **인스타그램** @human_kids

편집주간 정미영 **편집** 이주은 박민영 **디자인** 유주현
용지 화인페이퍼 **인쇄** 삼조인쇄 **제본** 정민문화사

글 ⓒ 이기규, 2021
그림 ⓒ 홍연시, 2021

ISBN 978-89-6591-422-8 73370

- 이 책은 저작권법에 따라 보호받는 저작물이므로 무단 전재와 무단 복제를 금합니다.
- 이 책의 전부 또는 일부를 이용하려면 반드시 저작권자와 휴먼어린이 출판사의 동의를 받아야 합니다.
- **사용 연령 8세 이상** 종이에 베이거나 긁히지 않도록 조심하세요. 책 모서리가 날카로우니 던지거나 떨어뜨리지 마세요.